AF298922

GEORGES RENARD

PROFESSEUR AU COLLÈGE DE FRANCE

L'OUVRIÈRE
A DOMICILE

PARIS

AUX ÉDITIONS RADOT

5, RUE EUGÈNE-MANUEL, 5

La Grande Œuvre du Jour :

Les Cahiers de la Femme

Une Encyclopédie Féminine

CONCOURS

Pour que cette collection puisse atteindre le plus grand nombre possible de lecteurs, nous avons pensé qu'il fallait lui adjoindre, par le moyen d'un concours, un jeu d'esprit attrayant qui, en incitant chaque lecteur à lire attentivement les différents volumes, pût lui apporter l'espoir d'une magnifique récompense.

Le concours consiste à *relever toutes les fautes d'impression et d'orthographe*, contenues dans une série de trois livres.

Un concours est organisé chaque trimestre sur l'ensemble des trois derniers livres parus.

Chaque concours comporte **3** prix en espèces :

1ᵉʳ prix.	**10.000** francs en espèces
2ᵉ »	**5.000** »	»
3ᵉ »	**5.000** »	»

La collection devant se poursuivre durant plusieurs années, *c'est donc plus* **D'UN MILLION** *de prix en espèces que nous offrons à nos lecteurs.*

★

La Grande Œuvre du Jour :

Les Cahiers de la Femme

Une Encyclopédie Féminine

CONCOURS

Pour que cette collection puisse atteindre le plus grand nombre possible de lecteurs, nous avons pensé qu'il fallait lui adjoindre, par le moyen d'un concours, un jeu d'esprit attrayant qui, en incitant chaque lecteur à lire attentivement les différents volumes, pût lui apporter l'espoir d'une magnifique récompense.

Le concours consiste à *relever toutes les fautes d'impression et d'orthographe*, contenues dans une série de trois livres.

Un concours est organisé chaque trimestre sur l'ensemble des trois derniers livres parus.

Chaque concours comporte **3** prix en espèces :

1er prix. . . . .   **10.000** francs en espèces
2e   » . . . .   **5.000**   »   »
3e   » . . . .   **5.000**   »   »

La collection devant se poursuivre durant plusieurs années, *c'est donc plus* **D'UN MILLION** *de prix en espèces que nous offrons à nos lecteurs.*

★

RÈGLEMENT DU CONCOURS

ART. PREMIER. — Pour prendre part au concours, il suffira de lire attentivement trois livres. Chaque concours porte sur l'ensemble de trois livres consécutifs.

ART. 2. — Le concours consiste à relever toutes les fautes d'impression ou d'orthographe contenues dans ces trois livres.

ART. 3. — Établir la liste récapitulative de toutes les fautes en les plaçant sous deux titres différents :

    a) Fautes d'impression.

    b) Fautes d'orthographe.

additionner séparément, puis faire l'addition totale des fautes trouvées. Ce total sera confirmé en lettres.

Nota. — Les fautes d'impression qui apparaîtraient au Jury résulter d'un défaut d'encrage, ne seraient pas comptées.

ART. 4. — Sur une feuille qui se trouve incluse dans le livre, sous la rubrique « Liste récapitulative », les participants auront à écrire très lisiblement : leur nom, prénoms et adresse complète.

Cette liste contiendra également une question supplémentaire à laquelle il sera obligatoire de répondre, et nous allons en expliquer le but.

QUESTION SUPPLÉMENTAIRE

Les participants à ce concours seront classés d'après le nombre de fautes qu'ils auront *exactement* trouvées. Mais il arrivera que plusieurs concourants auront trouvé le même nombre de fautes *exactes*. Pour départager ces concourants, le concours comportera la question supplémentaire suivante :

« Si vous aviez à proposer une question supplémentaire pour le prochain concours, quelle est celle que vous indiqueriez ?

« **Formulez-la en une phrase très courte.** »

Les réponses à cette question serviront à départager les ex-æquo.

Art. 5. — Les réponses devront être écrites en lettres et en chiffres sur la liste récapitulative.

Art. 6. — Les réponses à la question supplémentaire sont obligatoires, mais elles n'interviendront que pour classer les concourants qui auront trouvé un chiffre égal de fautes.

ART. 7. — *L'envoi des solutions* : Les participants au concours auront à mettre dans la même enveloppe :

a) Le bon inclus dans chaque volume, dûment rempli.

b) La liste récapitulative sur laquelle figureront toutes les fautes trouvées et la réponse à la question supplémentaire. Nom, prénoms et adresse bien complète du concourant.

Il est bien entendu que les fautes trouvées seront écrites sans ratures ni surcharges et très lisiblement.

Cette enveloppe sera adressée à :

Monsieur le Directeur des Editions RADOT
5, rue Eugène-Manuel, à Paris (16ᵉ)

et il est indispensable qu'elle porte d'une façon parfaitement lisible : « Concours des **Cahiers de la Femme.** »

Toute solution non conforme à ce règlement sera écartée.

ART. 8. — Chaque participant au concours devra accompagner son envoi de la somme de **Un Franc** pour frais d'inscription, de fiche et de contrôle.

ART. 9 ET DERNIER. — La date de clôture du premier concours sera indiquée dans le **troi**sième volume de la Collection qui paraîtra en avril 1927.

N.-B. — Toutes les mesures ont été prises par la Direction afin que l'épreuve que nous offrons à nos lecteurs, présente la garantie de sincérité, et de probité la plus absolue. Aucune indiscrétion sur les fautes à trouver n'est possible.

JURY D'HONNEUR

Voulant faire œuvre utile, nous tenons à ce que toutes les garanties de loyauté et d'honnêteté soient données à nos lecteurs.

Chaque concours sera placé sous la surveillance d'un jury d'honneur :

Membres du Jury :

MM. J.-H. ROSNY Aîné, président de l'Académie Goncourt.

Ch. MICHEL, ingénieur des Arts et Manufactures, ancien conseiller général de l'Algérie.

Alzir HELLA, homme de lettres, secrétaire du Syndicat des correcteurs de France.

Mmes M. DOUSSIN, du Groupe d'études Marie Bonnevial.

Fr. GRANIER, membre du Conseil supérieur de l'Enseignement technique.

ALICE JOUENNE, présidente des Femmes
coopératrices de France.

M. PICHON-LANDRY, secrétaire générale du Conseil national des femmes.

MARTHE PICHOREL, secrétaire du Syndicat national des instituteurs et insti-
tutrices de France et des Colonies.

M. PREVOST, secrétaire de la Chambre
syndicale des sténographes et dactylo-
graphes à la Bourse du Travail.

Les membres du Jury ont été choisis parmi
les grands organismes sociaux. Mais ce Jury
n'est pas définitif : si un autre groupe important
juge utile de nous présenter un de ses membres,
nous l'accueillerons volontiers.

NOS BUTS

L'activité des femmes s'étend et se précise chaque jour. Pour tenir le rôle que les circonstances actuelles leur assignent, les femmes ont besoin... *d'êtres instruites de leurs droits et de leurs devoirs, de comprendre la Société moderne,* afin d'y choisir leur mode de vie et d'aider au progrès, d'apprendre à *mieux aimer et éduquer l'enfant, de se grouper* autour d'idées communes.

C'est pour permettre cette double éducation des femmes, par rapport à elles-mêmes et à la vie collective, que nous créons aujourd'hui : « **LES CAHIERS DE LA FEMME** », véritable bibliothèque documentaire où seront traitées toutes les questions psychologiques, sociales, éducatives, historiques, littéraires et artistiques, qui permettront de constituer, en quelques années, ...

LA PREMIÈRE ENCYCLOPÉDIE FÉMININE

qui ait été tentée dans le monde...

Chaque volume, écrit dans la forme la plus claire et la plus séduisante, *sera l'œuvre d'un spécialiste* qui apportera, avec une riche moisson de faits, le résultat de ses recherches et de son expérience.

Pour fixer la valeur documentaire de cette collection, nous citons ici les titres de quelques-uns des volumes à paraître en 1927 :

LE PROBLÈME FÉMINISTE. — *Un cas d'aspiration collective vers l'égalité.*

L'OUVRIÈRE A DOMICILE.

LA MATERNITÉ CONSCIENTE. — *Le rôle des femmes dans l'amélioration de la race.*

LES FEMMES-POÈTES AU COURS DES AGES.

LE FÉMINISME DE SCHÉHÉRAZADE. — *La révélation des Mille et une Nuits.*

L'ENFANT DES GRANDES VILLES. — *(Etude de psychologie sociale).*

LES TYPES FÉMININS DANS L'ART.

L'HUMOUR ET LA FEMME.

LES ARTISANES DU PASSÉ...

LA FEMME, L'ART ET LA MAISON MODERNE.

PARUTION

Les livres de la collection « **LES CAHIERS DE LA FEMME** » paraîtront à raison de un tous les mois.

Chaque livre traitera une question complète.

Le prix du volume est fixé à 10 francs.

Tous les lecteurs peuvent participer au concours. Il n'auront qu'à joindre — s'ils ne sont pas abonnés — la modique somme de UN FRANC pour frais d'inscription et d'établissement de fiche individuelle.

ABONNEMENT

*La Collection de livres « **LES CAHIERS DE LA FEMME** », d'une présentation très agréable (livre 12×19, couverture 2 couleurs) va constituer la première bibliothèque moderne de documents et d'idées qui ait été consacrée à l'éducation des femmes.*

Pour la recevoir chez vous, sans vous déranger,

ABONNEZ-VOUS.

En vous abonnant, vous vous associez à notre effort, et vous êtes récompensé.

En effet, en vous adressant à un libraire, vous paierez les 12 volumes 120 francs, plus 4 francs pour la participation aux 4 concours, soit 124 francs.

Tandis qu'un abonnement annuel à 12 volumes vous coûtera seulement 110 francs et que vous bénéficierez en outre de l'exonération des frais de participation aux 4 concours, soit une économie de 14 francs, et l'assurance de recevoir régulièrement les livres chez vous.

Pour 6 volumes, l'abonnement est de 58 francs, avec exonération totale des frais de participation à 2 concours.

Pour vous abonner, il vous suffit de remplir et nous envoyer le bulletin ci-après, ou de vous faire inscrire au Représentant dans votre ville des Messageries Hachette.

FEUILLE N° 1

BON N° 2

Monsieur le Directeur des Editions RADOT
5, rue Eugène Manuel, à PARIS (16e)

Après avoir pris connaissance du règlement du Concours **"CAHIERS DE LA FEMME"**, je déclare m'y conformer en tous points et vous adresse la liste récapitulative dument remplie.

Ci-inclus UN FRANC en ....
pour frais d'inscription (ART. 8).

A ....

        Le *1927*

(SIGNATURE)

NOM :   PRÉNOMS :

M ....

Profession ....

Rue .... N° ....

à .... par ....

Département ....

A compléter s'il y a lieu :

Je suis abonné ..... pour .... $\frac{12}{6}$ livres.

à partir du ....

N° de l'abonnement ....

Biffer cette mention si elle ne vous intéresse pas :
Prière aux Editions RADOT de me faire parvenir *gratuitement* le catalogue de ses Éditions de demi-luxe et de grand-luxe.

L'Ouvrière à Domicile

GEORGES RENARD

*Professeur d'Histoire du Travail
au Collège de France.*

L'Ouvrière à Domicile

AUX ÉDITIONS RADOT
5, RUE EUGÈNE-MANUEL, 5
PARIS (XVIᵉ)

IL A ÉTÉ TIRÉ DE CET OUVRAGE :

20 exemplaires sur papier Alfa
numérotés de 1 à 20.

AVANT-PROPOS

O femmes, femmes, si l'on prenait une de vos robes et si on la tordait, on en verrait sortir le sang des créatures de Dieu!

SAINT BERNARDIN DE SIENNE
(1380-1444).

Qui veut étudier la triste destinée des travailleuses à domicile, vraies parias de l'industrie moderne, victimes les plus douloureuses de notre régime économique, doit se dire qu'il franchit une des portes de l'enfer social, qu'il pénètre au plus profond de la cité de misère. Sans doute il ne faut pas dire avec Dante qu'au-dessus de la porte est écrit : « Quiconque entre ici renonce à l'espérance! » Non, l'espérance, cette étoile qui guide et encourage la souffrance humaine, y jette quelques rais de lumière. Mais vous, lectrices, à qui ce livre est surtout destiné, faites provision de pitié fraternelle pour vos sœurs malheureuses, car elles ont souffert et souffrent encore un dur martyre.

PREMIÈRE PARTIE

LE MAL

L'OUVRIÈRE A DOMICILE

CHAPITRE PREMIER

ORIGINE ET DÉFINITION DU TRAVAIL A DOMICILE

Le travail à domicile est fils de la grande industrie. On l'a longtemps confondu avec le travail de l'artisan. Les statistiques officielles ont même trop fréquemment réuni l'un et l'autre sous le nom équivoque de « Système domestique ». Ce qui a permis de les rapprocher, c'est qu'ils se font tous deux dans le logis du travailleur, que père, mère, enfants y coopèrent parfois. Mais quelle différence profonde sous cette ressemblance superficielle! Le travailleur n'y travaille plus pour son propre compte; il travaille pour un fabricant, pour un entrepreneur, pour un commerçant qui lui donne à faire une certaine besogne, qui le paie pour cela à tant la pièce, qui, le plus souvent, lui fournit la matière première et parfois les instruments de travail, qui en tout cas décide de la qualité et de la quantité des objets à fabriquer et qui se charge de leur vente avec les risques et profits qu'elle comporte. Bref, c'est une organisation capitaliste dans laquelle le fabricant ou le marchand avance les fonds, fait les commandes, fixe les prix de façon, écoule la marchandise, est en somme le directeur de la production, le maître qui met tout en branle et de qui tout dépend, à commencer par le travailleur devenu simple salarié aux ordres d'un patron.

Ce système n'est pas nouveau. Il a existé au moyen-âge dans les villes où se faisait en grand la fabrication du drap. A Florence, par exemple, la laine est filée dans la campagne environnante par des femmes, auxquelles les commis du maître drapier distribuent l'ouvrage qu'ils viendront plus tard recueillir et payer, et les évêques de la ville et de Fiesole, dans des lettres pastorales qu'on doit lire en chaire aux grandes fêtes de l'Eglise, menacent les paysannes de la censure ecclésiastique, voire même de l'excommunication, si elles filent avec négligence ou gaspillent la laine qu'on leur a confiée. Les tisserands sont dans la même dépendance, parce qu'on leur loue ou leur vend à terme le métier qu'ils ne peuvent pas payer et qui devient pour eux

(1) Georges Renard. *Histoire du Travail à Florence* (I, p. 290).

un instrument de servitude. Plus tard, en France, au XVIIIᵉ siècle, les dentellières du Velay, qui gagnent d'ordinaire de cinq à six sols par jour et qui sont parfois payées en nature (pain et viande), reçoivent aussi, de commis ambulants, les commandes faites par le gros fabricant et leur remettent, pour qu'ils le rapportent, l'ouvrage une fois achevé.

Ce système, qui date de loin, s'est étendu comme une tache d'huile, dès que le développement du commerce a rendu nécessaire la production en série. On lui a cherché alors un nom qui dissipât l'équivoque signalée plus haut. Le Play, économiste et philanthrope, a employé l'expression *fabrique collective*. Mais elle n'est pas heureuse. Toute fabrique, que les ouvriers soient rassemblés dans de grands ateliers ou éparpillés dans leurs familles, est, de sa nature, collective. Ce mot, d'ailleurs, peut tromper; il paraît désigner une entreprise dont les différents éléments sont groupés. J'ai proposé une autre dénomination plus claire : celle de *fabrique dispersée*. Elle indique que les travailleurs occupés par elle dépendent d'une seule et même entreprise et en même temps qu'ils sont isolés, disséminés. La fabrique dispersée s'oppose ainsi à la *fabrique agglomérée*, c'est-à-dire à la manufacture, ou machinofacture, où les travaux s'exécutent dans des ateliers qui réunissent des centaines et des milliers d'ouvriers.

Ainsi défini, le travail à domicile existe tout autour de nous. En ville, il monte dans les mansardes, où l'on gèle en décembre et où on étouffe en juillet, et il descend aussi dans la pauvreté décente de ménages bourgeois et gênés. A la campagne, il est apporté par des commissionnaires qui confient aux villageoises, pendant l'hiver, morte saison des travaux agricoles, du linge à ourler ou à plisser, des passementeries ou des broderies à fabriquer. Il comprend des hommes et des femmes. Il est de tradition, parmi les ouvriers rubaniers de St-Etienne. Dans les faubourgs de Lyon, à la Croix-Rousse, on a vu longtemps le rez-de-chaussée des canuts encombré par une volumineuse machine où ils tissaient la soie pour un fabricant. Dans les villages du Velay, on aperçoit, en été, devant les maisons, une rangée de dentellières qui, tout en caquetant, font mouvoir avec un petit clic-clac leurs fuseaux de bois, et toute la famille féminine, depuis la gamine de cinq ans qui est encore maladroite, jusqu'à la mère-grand dont les yeux fatigués sont armés de lunettes, forme une échelle vivante où chaque échelon fait son œuvre. Certes la situation des hommes pris dans l'engrenage du système est médiocre et précaire; mais pire est celle du lamentable troupeau des ouvrières qui sont à la fois beaucoup plus nombreuses et plus incapables de se défendre. C'est de celles-ci que j'entends m'occuper.

CHAPITRE II

CAUSES QUI POUSSENT LES FEMMES

VERS LA FABRIQUE DISPERSÉE

Dans quels métiers sont-elles en masse? Avant tout dans les industries du vêtement, et au-dessous, mais à longue distance, dans celles des cuirs et peaux, des couronnes funéraires, dans la fabrication des chaînes, des objets de piété, des sacs en perles de verrotterie, en général de ce qu'on appelle article de Paris. C'est là qu'abondent et surabondent ces fourmis laborieuses enrôlées pour toute leur vie dans le régiment des gagne-petit. Leur nombre est difficile à préciser. Au début de ce siècle on pouvait l'évaluer en France aux environs de 900.000; et il y a apparence que la guerre, qui a fait des veuves, des orphelines et plus de nouveaux pauvres que de nouveaux riches, en a encore grossi le chiffre. On peut se demander où elles se recrutent. Naturellement parmi celles que presse la nécessité de gagner quelque argent. Mais ce besoin d'avoir un gagne-pain pouvait les conduire à la manufacture, à l'usine. Ce qui les mène à la fabrique dispersée, c'est qu'elle leur promet une chose précieuse. Et laquelle? La possibilité de rester chez elles et de garder une ombre d'indépendance, l'illusion d'obéir à une discipline volontaire en travaillant sans surveillance et sans promiscuité. La mère de famille sait bien qu'elle touchera un maigre salaire : mais quoi! elle pourra encore s'occuper de son ménage et de ses enfants; elle pourra aussi, pense-t-elle, épargner à sa fille les longues absences du foyer et les dangereuses fréquentations de l'atelier; elle aura la consolation de la faire travailler à ses côtés. En un mot l'amour du nid familial, même quand ce nid est étroit, laid, mesquin, est, avec la faim, le pourvoyeur ordinaire du travail à domicile.

Autre sentiment qui pousse au recrutement de ces travailleuses. Dans beaucoup d'esprits subsiste une vieille idée qu'on pourrait qualifier de vieille superstition : c'est que le travail manuel est humiliant. Le catéchisme ne l'appelle-t-il pas œuvre servile? Dans la classe aisée, on se croit victime de déchéance, quand on est réduit pour vivre à faire œuvre de ses dix doigts. Quantité de bourgeoises appauvries, sous l'aiguillon de la détresse, saisissent avec empressement l'occasion de travailler sans qu'on le sache, d'ajouter un petit salaire d'appoint à leur revenu insuffisant. Elles deviennent des ouvrières de circonstance, qui besognent à bâtons rompus, et elles ont sans le vouloir une influence pernicieuse sur le marché du travail : elles font baisser, parce qu'elles peuvent se contenter d'une faible rémunération, le niveau des salaires féminins, qui déjà fait baisser la moyenne des salaires masculins.

CHAPITRE III

LES BAS SALAIRES DES TRAVAILLEUSES A DOMICILE EN FRANCE ET A L'ÉTRANGER

Voilà donc constitué un formidable troupeau ! Troupeau lamentable aussi. Les Anglais ont baptisé l'exploitation dont pâtissent les travailleuses à domicile du nom de *sweating system*, système qui fait suer du travail jusqu'à épuisement. C'est pour elles qu'en 1843 le poète Thomas Hood compose la funèbre *Chanson de la Chemise* : (1)

> Travaille, travaille, travaille,
> Du matin jusqu'au soir et du soir jusqu'au matin.
> Oh ! chez les Turcs qu'est l'esclavage,
> De leurs femmes jaloux et stupides gardiens ?
> Qu'est-il, près de l'affreux servage,
> Qui nous broie et nous tue ici, chez des chrétiens ?

(1) Traduction de Julien Travers. Voir la chanson entière dans la *Littérature Française* du Colonel Staaf (III, p. 1008).

Travaille, travaille, travaille,
Jusqu'à l'épuisement, sans relâche, toujours;
Travaille, travaille, travaille,
Jusqu'à ce que tes yeux nagent troubles et lourds.
Fais l'ourlet, le col, la ceinture,
Et tombant de sommeil sur le bouton final,
Achève l'atroce couture,
Comme si tu cousais en un rêve infernal.

. . . .

Travaille, travaille, travaille,
Quand décembre en sa brume enveloppe le jour,
Travaille, travaille, travaille,
Quand mai de ses clartés amène le retour,
Quand l'hirondelle rajeunie
Coupe l'air en son vol, s'enivre de ses chants,
Et rasant, comme une ironie,
Les taudis délabrés, annonce le printemps!

. . . .

Pour s'expliquer ces accents désespérés, il faut approfondir les conditions d'existence des malheureuses dont le poète est l'interprète. Or, avant tout, quels ont été leurs salaires? Des salaires de famine, dont nous verrons les conséquences désastreuses.

Les salaires des femmes ont toujours été plus bas que ceux des hommes, parce que le travail féminin, là où il faut de la force, a un rendement moindre, parce qu'il trahit souvent une insuffisance d'éducation technique dont la société est responsable, parce que les femmes, par une longue hérédité de soumission, savent moins se défendre contre les exigences patronales, parce que de plus elles se font une concurrence terrible en se précipitant par centaines de mille dans des professions où il n'est pas besoin d'apprentissage, concurrence aggravée par celle des maisons religieuses et des prisons où l'on produit à bon marché.

Mais cette infériorité de paiement dont elles souffrent toutes est portée à son plus bas point dans le travail à domicile. Le travail à l'atelier est mieux rémunéré, parce que le salaire est public, parce qu'il prête à des réclamations collectives, parce que ceux et celles qui le touchent peuvent s'unir pour l'empêcher de descendre au-delà de certaines limites et même pour le faire monter quand les circonstances sont favorables; aussi malgré des haltes et des régressions, son mouvement ascendant a-t-il été plus fort que les résistances. Tout au contraire, dans le travail à domicile, les salaires, loin de croître proportionnellement, je ne dis pas aux bénéfices de l'entreprise qui ont été fréquemment énormes, mais au coût de l'existence, sont restés infimes et misérables.

Il ne suffit pas d'affirmer. Il faut prouver. J'emprunterai mes faits et mes chiffres, non pas seulement à des socialistes, mais à des écrivains de tout repos, connus pour leurs opinions modérées ou à des enquêtes officielles qui n'ont certes pas intérêt à grossir le mal. Je les prendrai dans les métiers et les pays les plus divers. Le mal est, peut-on dire, universel.

C'est dans le travail à l'aiguille qu'il est le plus criant. Il a forcé la compassion. Je cite, pour mémoire, le livre fameux de J. Simon : *L'ouvrière*. En 1873, Paul Leroy-Beaulieu, qu'on n'accusera pas d'avoir été un esprit subversif, publie : *Le travail des femmes au XIX° siècle* et il y déclare que 200.000 ouvrières françaises ne gagnent pas 50 centimes par jour. Puis vient en 1892 un rapport de la Commission Supérieure du Travail; du comte d'Haussonville (1900-1909) *Salaires et misères de femmes*, ouvrage complété par des lectures faites à l'Académie des sciences morales et politiques; de Charles Benoît : *Le travail à l'aiguille;* du pasteur Wilfrid Monod, des études sur la vie ouvrière à Rouen. Entre temps, les ligues d'acheteurs ont réuni à Genève (1908) une grande conférence internationale dont le compte-rendu remplit un gros volume; le *Sillon* a ouvert un Musée des exploités et des exploitées; des expositions, où l'on attache aux objets les prix de façon, ont eu lieu à Rome, à Zurich, ailleurs encore; et de plus, en 1919, la Conférence internationale des travailleuses, tenue à Washington, a émis le vœu d'une enquête plus approfondie, qui serait faite par le Bureau International du Travail.

Une des branches de l'industrie du vêtement, peut-être celle qui est la plus éprouvée, la lingerie, a été, de son côté, l'objet d'enquêtes spéciales; l'une a paru en 1858, dans la *Revue des Deux Mondes*, sous la signature d'Auvray; une autre, menée par le Ministère du Travail, de 1905 à 1908, a consigné ses résultats dans quatre gros volumes in-8°, a porté sur vingt-quatre départements et touché vingt-trois mille personnes. En 1913, la fleur, en 1914, la chaussure ont été soumises à des investigations analogues. En 1924, des rapports ont été encore demandés sur le même sujet aux inspecteurs et inspectrices du travail.

On se doute bien que, sans sortir de France, sans parler de la vaste documentation de Charles Booth, sur la misère londonienne, il n'a pas manqué, parmi les écrivains réformistes ou révolutionnaires, d'appels vibrants en faveur des infortunées travailleuses, que leur isolement et leur résignation mettaient pieds et poings liés à la merci des exploiteurs. Je citerai seulement *La Vie ouvrière* de Pelloutier, *La Vie tragique des travailleurs* de Léon et Maurice Bonneff, si prématurément fauchés par la guerre, *Les métiers blessés* et *Le Lin*, de Pierre Hamp, des brochures et des livres de Mme Compain et de Mlles Caroline Milhaud et Jeanne Bouvier (1). C'en est assez pour qu'on voie les nombreuses sources d'information où peuvent puiser ceux que la question intéresse.

Et voici maintenant les tristes constatations :

A Rouen, une ouvrière coud des chemises à raison de quatre centimes par heure; elle reçoit 20 centimes pour la douzaine; en travaillant 15 heures, elle gagne 80 centimes; soit à peu près cinq centimes l'heure! — La confection des sacs cousus à la main rapporte moins encore : car on défalque le prix du fil employé. Trois sous pour quatre heures de travail; moins d'un sou l'heure. — Mêmes prix pour la fabrication d'objets pour arbres de Noël, ou de cravates. Dans l'Ardèche, un jupon, avec entre-deux de dentelles, qui demande 7 heures de labeur assidu, est payé 80 centimes : c'est un salaire énorme, un peu plus de 11 centimes l'heure. A Nancy, cent roses artificielles valent à l'ouvrière 1 fr. pour 12 heures de travail : c'est entre 8 et 9 centimes l'heure; mais l'ouvrière fournit la colle et le fil de fer qui lui sont nécessaires. La violette se fabrique

____

(1) *La Lingerie.* (Doin, éditeur, 1927.)

en chambre à deux sous la grosse : l'heure arrive à 10 centimes. La façon d'une chemisette en merveilleux prend deux jours; le salaire est de 4 francs. Etant donné que l'étoffe a coûté 6 fr. 75, la garniture 2 fr., que l'entrepreneuse, qui sert d'intermédiaire entre l'ouvrière et le grand magasin, touche 6 fr., le total des frais s'élève à 18 fr. 95, et comme la chemisette est vendue 29 fr., c'est pour la maison un bénéfice de 11 fr. 25.

Regardons de près la lingerie. La situation de l'ouvrière y fut profondément modifiée, on pourrait presque dire bouleversée, quand la machine à coudre eût été inventée par Thimonnier, un Français qui, suivant le sort commun des inventeurs, mourut dans la misère. Elle amenait une très notable économie de temps dans la fabrication. On pouvait avec l'outillage nouveau à peu près décupler la production. Gros avantage pour les patrons, mais aussi menace de chômage pour les ouvrières, puisqu'une seule pouvait faire désormais la besogne que dix faisaient auparavant.

Aussi baisse des salaires que l'enquête de l'Office du travail enregistre. *Le Temps,* du 24 décembre 1908, en résume les résultats qu'il qualifie avec raison de navrants.

« Sur 510 ouvrières questionnées, 217 ont fait

connaître leur gain à l'heure, en travail courant, et voici ce qui résulte de leurs réponses :

Gagnant moins de 5 centimes par heure.... 4
— de 5 à 10 centimes par heure.... 51
— de 11 à 15 — 54
— de 16 à 20 — 45
— de 21 à 25 — 32
— de 26 à 30 — 14
— de 31 à 35 — 7
— de 36 à 40 — 6
— plus de 40 — 4

« Ainsi, sur ces 217 ouvrières, le tableau qui précède montre que 109, soit 60 %, gagnent moins de trois sous par heure; et que 186, soit 83 %, gagnent moins de cinq sous.

« Et encore ce tableau renseigne-t-il mal sur les ouvrières irrégulières de la lingerie : femmes âgées, malades, très chargées de famille, celles qui demandent du travail aux œuvres d'assistance, bref les plus misérables. Ces malheureuses ouvrières ne savent pas leur gain annuel, et encore moins leur gain quotidien. Or, ce sont précisément celles auxquelles une heure de travail rapporte le moins. De sorte que les chiffres désolants qu'on a lus plus haut sont encore inférieurs à la réalité; et que la proportion des infortunées qui gagnent moins de deux sous par heure est supérieure à celle résultant du tableau.

« Voici maintenant, pour 366 ouvrières, une autre statistique indiquant le gain annuel net de l'ouvrière faisant exclusivement de la lingerie à domicile. Ce gain net est obtenu en défalquant du gain brut les charges, et notamment le prix du fil et les frais de transport pour la livraison de l'ouvrage :

GAIN ANNUEL NET

Inférieur à 150 fr.	35 ouvrières
De 151 à 200 fr.	17 —
De 201 à 250 fr.	41 —
De 251 à 300 fr.	47 —
De 301 à 350 fr.	47 —
De 351 à 400 fr.	34 —
De 401 à 450 fr.	32 —
De 451 à 500 fr.	13 —
De 501 à 600 fr.	45 —
De 601 à 700 fr.	29 —
De 701 à 800 fr.	12 —
De 801 à 900 fr.	12 —
De 901 à 1.000 fr.	4 —
Supérieur à 1.000 fr.	10 —

« Il résulte de là que 60 0/0 de ces ouvrières gagnent moins de 400 francs par an, à peu près 1 fr. par jour. Les ouvrières qui font du linge de ménage sont parmi celles qui gagnent le moins ; les lingères pour femmes et enfants figurent dans les catégories où les salaires sont moins misérables. »

Il y a pis encore. Il y a le travail fait pour rien. Une maison de confections demande des ouvrières. Elle leur vend des machines à coudre, qui doivent être payées tant par mois ou par semaine. Une ouvrière se présente, et obtient du travail, mais à la condition d'acheter une machine qu'elle paiera à raison de 3 fr. par semaine. Elle reçoit l'étoffe, se met à l'œuvre; seulement, quand elle rapporte son ouvrage au bout de la quinzaine, on lui retient sur les six ou sept francs qu'elle doit toucher les six fr. qu'elle doit pour amortir le prix de l'engin. Puis, au bout de quelques semaines, on ne lui donne plus de travail. Elle ne peut plus fournir les trois francs hebdomadaires. Alors on la met en demeure d'acquitter immédiatement ce qui lui reste à verser. Comme elle ne le peut pas, on envoie chez elle reprendre la machine et le tour est joué; les versements restent acquis au fournisseur comme prix de location, si bien que la maison a eu gratis le travail fait par la pauvre femme pendant les quelques semaines où on l'a leurrée. Qu'on n'accuse pas d'invraisemblance cette histoire d'escroquerie : la justice a dû intervenir pour mettre un terme à cette exploitation éhontée.

Laissons de côté ce cas que nous voulons croire exceptionnel. D'après l'enquête officielle de 1908, que je suis pas à pas, les plus hauts gains horaires ne dépassent pas 20 centimes. On les trouve à Lyon (47 0/0), dans la Meuse (42 0/0), dans les Bouches-du-Rhône (32 0/0).

Viennent ensuite les gains de 10 centimes l'heure. Ils se rencontrent dans l'Allier (80 0/0), dans le Cher (59 0/0), dans le Loir-et-Cher (49 0/0).

Les gains de 6 à 10 centimes se constatent à Bourges (100 0/0, à Argenton (Indre) (57 0/0) ; à Montluçon (47 0/0, dans la Seine (43 0/0).

On travaille pour un sou l'heure à Commentry (60 0/0), à Dun-sur-Aurond (Allier) (35 0/0).

Il serait aisé de multiplier ces chiffres déplorables. On en trouverait de pareils aux Etats-Unis d'Amérique, pays de hauts salaires, en Italie, pays de bas salaires, en Grande Bretagne, en Allemagne, en Suisse (1). On pourrait faire le tour du globe; on

(1) Voici quelques-uns des chiffres relevés au Congrès de Genève en 1908 et qui montrent que la France n'avait pas le privilège de mal payer le travail à domicile :

Etats-Unis. — Jaquette d'enfant au crochet : 60 heures à 0,08 centimes l'heure;/ — chaussons au crochet : 0,07 cent.; — brodeuses à New-York : 0,05 cent.

Italie (p. 467) (Rome). — Ouvrières travaillant pour le compte de fournisseuses intermédiaires : « L'intermédiaire reçoit du magasin 2 fr. 50 par pantalon; elle doit fournir les aiguilles, le fil, etc. L'ouvrière, une jeune fille, qui travaille chez l'intermédiaire et qui est aussi habile qu'elle, gagne 0 fr. 75 par jour et doit, avec l'entrepreneuse, confectionner trois pantalons par jour. La petite main qui va chercher l'ouvrage chez le tailleur, le rapporte, fait des commissions et donne un coup de main à la confection, touche 1 fr. 50 par semaine. En somme, le gain quotidien de 7 fr. 50 est

verrait partout cette rémunération presque dérisoire du travail à domicile.

On comprend dès lors que, pendant la guerre de 1914-1918, il se soit présenté tant de femmes pour exécuter des besognes masculines, pénibles et dangereuses, pour être tourneuses d'obus ou faiseuses de cartouches. Mais, la guerre finie, les salaires ont-ils suivi l'ascension angoissante de la vie chère? Oui, en beaucoup de métiers pour le travail en fabrique. Mais l'autre, l'éternel sacrifié, n'a guère profité de cette élévation. Le salaire horaire a pour lui oscillé entre 25 et 75 centimes (2), et, vu le renchérisse-

---

ainsi partagé : 0 fr. 75 pour l'ouvrière, 0 fr. 25 pour la petite main, 6 fr. 50 pour l'entrepreneuse.

« En somme, la moyenne du salaire est à Rome de 7 centimes et demi à 10 centimes l'heure. »

Angleterre (Londres). — La confection des blouses de soie revient à 0,09 centimes l'heure; la fixation des agrafes sur une carte à moins de 0,05 centimes.

Allemagne (Dresde). — La confection de cravates pour hommes rapporte à l'ouvrière 0,12 centimes l'heure; celle des chemises d'hommes, 0,10 centimes et demi; celle des pantalons, 0,08 centimes; celle des nappes en filet, 0,04 centimes et demi.

Suisse. — C'est dans l'horlogerie et la sculpture sur bois que sont payés les plus hauts salaires (environ 0,35 centimes l'heure): Pour le tissage de la soie, 0,08 centimes et demi; pour les objets de piété, 0,07 centimes. A Bâle, pour un pantalon d'homme en futaine, 0,08 centimes; à Genève, la cravate 0,03 centimes pièce; dans la vallée de Lauterbrünnen, pour la dentelle, 0,07 centimes l'heure.

(2) D'un article de Mlle Jeanne Bouvier, publié dans *La Française* du 19 juillet 1924, j'extrais le passage suivant :

Les articles confectionnés à domicile ont subi une augmentation de prix considérable, témoin les chemises et pantalons de femmes, si finement ajourés, si joliment ornés, si délicatement confectionnés;

ment des vivres, des loyers, des vêtements, il ne dépasse guère les chiffres d'avant-guerre, et c'est une
maigre consolation pour les travailleuses de France
d'avoir à l'étranger des sœurs aussi et parfois plus
mal traitées qu'elles-mêmes.

*mais c'est précisément dans ces spécialités que les salaires sont les
plus bas, pour ne parler que des pièces de vêtement. Quant au
linge de maison, il reste également des moins payés. Cholet est le
centre qui passe pour confectionner le plus grand nombre de mou-
choirs. Or, dans cette région, les salaires à domicile descendent
jusqu'à 0 fr. 30 de l'heure. O femmes, mes sœurs, quand vous
achetez de ces petits carrés de linon, qui vous sont livrés dans de
jolies boîtes et que vous allez vous-mêmes précieusement ranger
dans des sachets parfumés, vous doutez-vous dans quelle misère
vivent celles qui les ont confectionnés? Si, au travers de ces tissus
légers, il vous était donné de voir les faces blêmes de celles qui les
ont préparés, les vêtements lamentables qui les habillent; s'il vous
était possible de voir dans quels taudis elles habitent, et quelles misères endurent leurs enfants, vous auriez honte de la douleur de
celles qui travaillent, douleur provoquée par les bas salaires qu'elles
reçoivent.*

CHAPITRE IV

CONSÉQUENCES MATÉRIELLES DES BAS SALAIRES

Au lieu de pousser plus avant cette triste statistique, il vaut mieux envisager les conséquences matérielles et morales de ces salaires qui permettent à peine de vivre, même en supposant que vivre signifie ne pas mourir de faim.

Confrontons-les, d'abord, avec les besoins de celles qui les gagnent. Choisissons à cet effet quelques budgets pris à différentes époques.

Vers 1860, J. Simon évaluait à 468 francs le revenu annuel d'une ouvrière parisienne, gagnant 2 fr. par jour et pouvant faire environ 234 journées de travail par an, avec défalcation des dimanches et fêtes, des jours de repos forcé, des périodes de chômage. Il estimait qu'elle ne pouvait mettre à sa nourriture plus de 59 centimes par jour, et encore à condition qu'elle ne fût pas malade et n'eût pas à payer des notes de pharmacie. Or comme ce salaire de 2 fr. était un sommet que n'atteignaient guère les travailleuses à domicile, il s'ensuivait que les neuf dixièmes d'entre elles, si elles n'avaient pas d'autres ressources, ne pouvaient vivre sans faire appel à l'aumône ou à un secours extérieur.

En Belgique, sur 199 budgets incompressibles, ne comprenant que le strict nécessaire, on en rencontrait 93 en déficit. Si nous regardons des budgets plus rapprochés de nous, Charles Benoist a calculé qu'au commencement de notre siècle une ouvrière gagnant 3 fr. 75 par jour et faisant 260 journées de travail, parvenant ainsi à la somme totale de 975 francs, était en déficit de 140 francs à la fin de l'année. Or combien y a-t-il d'ouvrières à domicile qui atteignent ce luxueux salaire de 3 fr. 75 ? Et puis quel gouffre devient le déficit, si la femme, veuve ou fille-mère, a un ou plusieurs enfants à sa charge ?

Sans doute la paysanne, qui a un logis peu cher, un jardinet où elle récolte des légumes, des occasions de gagner lors de la fenaison, des moissons, des vendanges, et parfois un mari qui travaille, lui aussi ; la bourgeoise, qui possède quelque petite rente et cherche dans son travail un simple supplément de ressources, peuvent, à la rigueur, se tirer d'affaire en étant des travailleuses au rabais. Mais les autres...?

Détaillons un peu ces budgets d'ouvrières. Ils doivent satisfaire à quatre besoins essentiels : *Nourriture, habillement, logement, chauffage et éclairage.* Notez que nous supprimons le superflu, chose pourtant si nécessaire, comme disait Voltaire; que nous ne faisons entrer en ligne de compte ni jouissance intellectuelle telle que la lecture, ni plaisirs, tels que achat de fleurs, cinéma, excursions à la campagne; que nous ne prévoyons rien pour les maladies ou les chômages qui mangent en quelques jours ce qu'on gagne en un mois.

Il faut avant tout se nourrir. Avec un salaire qui ne dépasse guère 1 fr. 50 par jour, à quoi est-on réduit dans les villes? A deux sous de frites qu'on achète au coin d'une rue; à ces restaurants, si l'on peut se servir de ce nom, où l'on a ou *avait* (car la vie chère a changé tout cela), pour quatre sous, un plat de viande ou de légumes, un morceau de pain, et de l'eau à discrétion. Préfère-t-on manger au logis? On achète dans les petites voitures des aliments qu'il faut faire cuire; et alors gare aux poissons avancés, aux viandes faisandées, au lait qui n'a

(1) Ansiaux, *Heures de travail et salaires*, p. 36.

du lait que la couleur, aux légumes flétris ou pourris! Comment s'étonner si les estomacs sont vite détériorés, si gastrites et entérites sévissent parmi cette population peu et mal nourrie?

L'habillement n'est pas somptueux. L'ouvrière peut se le confectionner elle-même; elle peut aussi blanchir son linge; faire son bonnet ou son chapeau; mais encore doit-elle acheter l'étoffe, payer ses chaussures et elle n'en est pas quitte sans une centaine de francs. Ce n'est pas trop pour avoir une mise propre et décente. Puis, que voulez-vous? Ces ouvrières restent femmes par le goût de l'élégance. Quelques-unes, à Paris surtout, ne résistent pas à l'envie de fleurir leur corsage d'un brin de muguet ou de parer leurs cheveux d'un ruban. D'austères moralistes le leur ont reproché : j'avoue n'avoir pas le courage de blâmer celles qui achètent ainsi deux sous de printemps ou une fanfreluche qui leur donne l'illusion d'être vêtues comme une dame. Mais comme il est déjà écorné, le pauvre budget!

C'est bien pis, dès qu'il s'agit du logement. Ici apparaît la plus grosse plaie de la vie ouvrière. Le loyer, à lui seul, dévore les augmentations de salaires. Le mal, qui existait avant la guerre, s'est exaspéré depuis lors. Les grandes villes surpeuplées ont chassé les ouvriers dans la banlieue. Vain exode!

Le renchérissement les y poursuit, et le peu qu'ils gagnent à s'éloigner est compensé par le coût des transports, la perte de temps, la fatigue des voyages dans des véhicules bondés. La travailleuse à domicile n'échappe pas à ces frais. Elle habite souvent loin du magasin qui lui donne du travail : elle doit recourir à l'autobus, au tramway pour aller chercher et livrer l'ouvrage.

Mais qu'est-ce que l'ennui de ces courses auprès des tares du taudis qui d'ordinaire lui est réservé?

En 1840, à Manchester, c'est-à-dire dans la capitale de l'industrie cotonnière britannique, 12.000 familles sont examinées, et l'on constate que 2.040 d'entre elles, soit 9.179 personnes, vivent dans des caves, qui, pour la plupart, ne sont pas même pavées, si bien que l'eau y suinte des murs et y monte pendant les crues de la rivière. Dans un quartier appelé la Petite Irlande grouille une horde de femmes et d'enfants en haillons, et, ajoute Engels, qui décrit ce pays de la misère et de la saleté, « la race qui vit dans ces maisons décrépites, derrière des fenêtres brisées raccommodées avec du papier huilé, des portes enfoncées, des chambranles pourris, ou dans des caves noires et humides, au milieu d'une ordure et d'une puanteur indescriptibles, dans une atmosphère fermée comme à dessein, cette race doit certes être tombée au niveau le plus bas de l'humanité. » « Londres, dit Buret, qui étudie les classes laborieuses en France et en Angleterre, est plus dégoûtant que nos plus sales villages. C'est pour les tailleurs, qui réalisent pour les grands magasins de confections des miracles de bon marché, qu'est créée, vers 1848, l'expression de *sweating system*. Gaskell, dans cette époque de 1830 à 1850 qui fut la période la plus affreuse du prolétariat anglais et français, résume ainsi l'examen médical de 2.000 enfants, pris au hasard dans les établissements industriels : « Les enfants étaient rabougris, pâles, les chairs molles et flasques; beaucoup avaient les membres courbés; la plupart l'arc du pied aplati; plusieurs, la poitrine rentrée, et la colonne vertébrale déviée; 140 souffraient des yeux; la grande majorité avaient des dérangements d'entrailles, souvent la diarrhée, et 90 portaient les marques certaines d'affections rachitiques auxquelles ils avaient survécu. »

J'emprunte ces citations à M. Cazamian : *Le roman social en Angleterre* (1830-1850) et je prends encore dans son livre les lignes suivantes (p. 398) qui résument une description de Mrs Gaskell :

« Voici la rue, encombrée de flaques et d'ordures; voici, au bas d'un escalier, six pieds au-dessous du niveau de la rue, la cave où vit une famille humaine... Les carreaux sont brisés, remplacés par des loques; une odeur si infecte saisit les visiteurs à la gorge qu'ils ont peine à y résister. Trois ou quatre enfants se roulent sur un dallage de briques humides à travers lequel suinte une eau stagnante; le foyer est éteint; la mère pleure, seule dans l'obscurité... Dans la cave aucun meuble; seulement des briques disjointes. Une porte au fond conduit dans une arrière-cave, avec un grillage au lieu de fenêtre, d'où tombe un flux d'ordures. Elle n'est point pavée : le sol n'est qu'une masse de boue puante. On ne l'a jamais utilisée; un porc n'y pourrait habiter plusieurs jours. Mais elle augmente le prix du loyer : le logis comporte ainsi deux pièces. »

En France, au milieu du XIXe siècle les caves de Lille, où ont moisi dans l'ombre et l'humidité des générations de tisserands, ont mérité une célébrité hideuse. Villermé a décrit ces murs qui suintaient l'eau, ces soupiraux qui ne laissaient filtrer qu'un jour trouble et un air vicié par les émanations de la rue, ces amas de détritus qui tenaient lieu de plancher, ce métier qui encombrait toute la pièce, ces grabats où toute la famille couchait, comme dit l'écrivain, à la bohémienne. L'économiste Adolphe

Blanqui, en 1848, déclarait qu'au sortir de ces souterrains les prisons lui semblaient des palais. Victor Hugo en a tracé un tableau effrayant : (1)

— Sous ces voûtes on souffre et l'air semble un toxique.
L'aveugle en tâtonnant donne à boire au phtisique;
       L'eau coule à longs ruisseaux.
Presque enfant à vingt ans, déjà vieillard à trente,
Le vivant chaque jour sent la mort pénétrante
       S'infiltrer dans ses os.
. . . .
Là, frissonnent, plus bas que les égouts des rues,
Familles de la vie et du jour disparues,
       Des groupes grelottants;
Là, quand j'entrai, farouche, aux méduses pareille,
Une petite fille à figure de vieille
       Me dit : J'ai dix-huit ans.

Là, n'ayant pas de lit, la mère malheureuse
Met ses petits enfants dans un trou qu'elle creuse,
       Tremblants comme l'oiseau.
Hélas! Ces innocents aux regards de colombe
Trouvent, en arrivant sur la terre, une tombe
       En place d'un berceau.
. . . .

Exception, dira-t-on. Soit, mais je renvoie à la peinture que J. Simon a faite des courettes et des « forts » de Roubaix, véritables puits où croupissaient les eaux ménagères, où les fenêtres des logis

____

(1) *Les Châtiments.* Joyeuse vie.

étaient clouées par ordre. Je renvoie au chapitre où Pelloutier (1) a accumulé les truculentes descriptions de Baudelaire, de Richepin et de ce qu'il a vu lui-même. On a cité le mot de cette bonne femme vivant dans un sous-sol obscur et disant (2) : « Je ne suis pas riche; mais j'ai ma botte de paille, Dieu merci! »

Sans aller jusqu'à ces échantillons extrêmes de misérables tanières plus faites pour des bêtes que pour des êtres humains, M. Charles Gide, au début du XX⁰ siècle, constatait qu'il y avait à Londres 60.000, à Paris 25.000 familles n'ayant qu'une chambre, où l'on travaille, couche et mange, où l'on fait la cuisine et la lessive, où l'on naît et où l'on meurt; et la société qui s'est fondée pour la lutte contre le taudis rencontre encore aujourd'hui, dans les faubourgs parisiens ou à Saint-Ouen, de ces maisons de rapport, bien nommées, dont le revenu est supérieur à celui des maisons des quartiers riches, parce qu'elles se divisent en une quantité de petites cellules semblables à des tiroirs de commode où grouille une foule de locataires tassés les uns contre les autres.

Les logements classés comme insalubres étaient,

____

(1) Ouvrage cité, pp. 227-238.
(2) J. Tixerant, p. 164.

en 1908, au nombre de 60 0/0 à Rouen, de 44 0/0 à Beauvais, de 38 0/0 à Marseille, de 32 0/0 à Paris, de 30 0/0 dans la Somme, etc.

Supposez la travailleuse à domicile ayant son chez soi (1). Il lui faudra entretenir son modeste mobilier, remplacer de temps en temps une assiette ou une tasse cassées, faire étamer une casserole ou rempailler une chaise, acheter des serviettes et des draps. C'est encore un trou dans sa bourse. Supposez-la logée dans un hôtel garni. Ce n'est pas meilleur marché; c'est, en revanche, le danger de voisinages suspects, la mauvaise réputation qui s'attache à un séjour interlope. Les hôtels pour femmes seules, où elles puissent vivre et dormir sans crainte, sont encore choses rares : il n'en existe guère à Paris que deux ou trois, dont le *Palais de la femme*, érigé par l'Armée du Salut, est le plus considérable et le mieux aménagé.

Restent le chauffage et l'éclairage, avec lesquels il faut compter dans nos climats où l'hiver amène le froid et les longues nuits. Il faut lutter contre le gel et le brouillard au moyen des chaufferettes, des poêles, des grilles à charbon de terre. Il faut lutter contre l'obscurité au moyen du pétrole ou du gaz.

(1) Voir un article de Mme Compain (*La Petite République*. 22 juin 1910).

Si l'on veut épargner sur ces matières, c'est aux dépens de la vue, de la santé. J'ai encore devant les yeux une gravure de Steinlen où une ouvrière s'écrie, en voyant revenir le printemps : Enfin, je vais pouvoir économiser deux sous de pétrole!

En somme, après avoir décomposé le budget d'une ouvrière à domicile (1), on comprend la conclusion que formulait déjà Jules Simon (p. 277) : « En dehors des manufactures, une femme isolée ne trouve pas le moyen de vivre »; et l'on s'explique cette constatation terrible de Charles Benoist, reprenant et aggravant une remarque de Turgot : « En tout genre de travail il doit arriver, et il arrive, en effet, que le salaire de l'ouvrière tombe un peu plus bas que ce qui est indispensable pour lui procurer la subsistance. »

(1) Enquête de 1908. Tome III. Les faits relatés datent de cette époque; ils ont pu se modifier depuis.

CHAPITRE X

LES LINGÈRES DE SAINT-OMER

Peut-être s'imagine-t-on que ces déplorables conditions d'existence sont particulières aux capitales et aux grandes villes. Ce serait une erreur. Prenons comme exemple une ville moyenne, où l'on fait de la lingerie ordinaire, Saint-Omer (1).

(1) On peut considérer comme échantillons ces monographies d'ouvrières de Rouen (Enquête de 1908, tome III, pp. 65 et 66) :

« N'étant aidée par personne, elle a, pour arriver à vivre, à résoudre un problème des plus ardus : ne dépenser, son loyer payé, que 0 fr. 12 par jour. Son menu se compose invariablement de riz, de harengs et de lait. Avec une livre de riz, elle vit deux ou trois jours ; avec six harengs, soit 20 centimes, deux jours ; une tasse de lait de cinq centimes, avec un morceau de pain, lui fait une journée. Ses dépenses d'entretien et d'habillement sont nulles ; elle utilise encore les habits qui lui restent du temps où elle gagnait un peu plus. Elle a fait quelques dettes chez le boulanger et le laitier ; elle doit quelques petites choses au propriétaire ; elle se demande avec angoisse quand et comment elle pourra se libérer, car ses yeux baissent de plus en plus et les prix payés diminuent toujours. »

Pour une autre, voici comment s'exprime le document officiel : « Cette ouvrière, qui a 47 ans, en porte facilement 60. Sa nourriture ne se compose guère que de boulettes de hachis de porc, de harengs salés et de légumes à très bas prix. Elle dit qu'elle ne reçoit d'aide de personne et que la vie est pour elle une perpétuelle souffrance. »

Pour être juste, il convient d'indiquer la situation défavorable où se trouvent les patrons. D'abord il y a entre eux une concurrence effrénée; à côté de grosses maisons, il existe dans la ville une quantité de petites entreprises (30 au moins) qui se jalousent et qui, pour damer le pion à la voisine, pratiquent la vente et le travail au rabais. Ces maisons trop nombreuses possèdent peu de capital et n'ont qu'un outillage inférieur. Pour comble de difficulté, l'Amérique, qui fut une de leurs bonnes clientes, n'achète plus, parce qu'elle se suffit; ajoutez la concurrence de l'Allemagne, qui jette sur le marché une masse de cols et de bavoirs, et surtout celle des couvents, ouvroirs ,orphelinats, qui, entretenus par la charité, n'ont, pour ainsi dire, aucun frais et font travailler sans rétribution une légion de petites orphelines. Ajoutez encore que les grands magasins de Paris, désireux d'apigeonner la clientèle par des articles-réclames, imposent aux fabricants des prix tels que ceux-ci ne peuvent vivre qu'en rognant le salaire des ouvrières.

Mais il faut, cela dit, dresser la contre-partie. Les ouvrières ont à se plaindre des intermédiaires, des entrepreneuses, qui traitent directement et à forfait avec le patron et prélèvent ensuite leur gain personnel sur le prix de la façon. Elles ont à se plaindre des « contredames », qui équivalent aux contremaîtres dans une usine, qui dénoncent les travailleuses, quand celles-ci ont la velléité de se syndiquer, et auxquelles il est de rigueur, à certaines époques, de faire des cadeaux pour conquérir leur bienveillance (1). Elles ont à se plaindre de longs chômages qui ne sont pas compensés par des moments de presse où elles sont surmenées. Elles ont à se plaindre des pertes de temps qu'on leur inflige, lorsqu'elles rapportent l'ouvrage et doivent attendre tous les jours, ou trois fois par semaine, leur tour pendant une heure ou deux; des amendes arbitraires qui leur sont prodiguées, des retenues qu'elles doivent subir sur ce qui leur est dû et qui ont été longtemps, sans qu'on sache pourquoi, de cinq centimes sur cinq francs, de la suppression des centimes sur toute paye dépassant dix francs. Elles ont à se plaindre d'être obligées d'acheter dans la maison du patron des fournitures (fil, lacets, etc.) et parfois des soldes qu'elles doivent payer au-dessus du prix courant, si elles veulent qu'on continue à leur donner du travail.

---

(1) La sainte Anne est une date où l'on fête les contredames. Parfois celles-ci désignent ce que chaque ouvrière doit leur apporter : du beurre ou quelque autre denrée. Ou bien il est dressé des listes où chaque ouvrière doit inscrire ce qu'elle donnera. Malheur à celle qui s'abstient! Elle aura à s'en repentir.

Les ouvrières se plaignent encore de la concurrence des établissements religieux (2) et de certaines œuvres patronales qui prétendent leur venir en aide, ainsi des syndicats mixtes, œuvres catholiques placées sous l'invocation de Notre-Dame de l'Usine, qui excluent les filles-mères, imposent la présence à la messe, pèsent indûment sur les consciences. Elles se plaignent enfin d'être renvoyées sans autre forme de procès, non seulement pour avoir adhéré à un syndicat ouvrier, mais pour avoir simplement assisté à une réunion préparatoire où il était question de créer une association de ce genre.

Il me paraît utile, après ce bref résumé, de donner quelques-unes des réponses faites au questionnaire dressé par les enquêteurs.

N° 27. — Deux sœurs (21 et 15 ans), valides,

(2) Alors que les ouvrières se disent au nombre de 1.300, mais ne sont guère plus de 600 spécialisées dans la lingerie, les personnes travaillant dans les couvents sont 312. La Chambre Syndicale des Ouvrières lingères fit tenir au Ministère du Travail une pétition contre quatre établissements : Notre-Dame de Sion, Bon-Pasteur, Charité, Hospice Général. J'en extrais les lignes suivantes :

« Dans le couvent du Bon-Pasteur on fait la layette, les chemises de femme et d'homme; on lave et repasse le linge et l'on fait les trousseaux pour mariage de clientèle bourgeoise; c'est ainsi que bien des ouvrières chôment. »

Et plus loin :

« Le Bon-Pasteur a une voiture et un cheval employés journellement pour le transport des tissus provenant des magasins et pour le linge des clients de la ville et des faubourgs. « (Pages 257-259.)

célibataires, vivant avec la mère qui fait des journées, exercent la profession depuis l'âge de 13 ans. Elles fabriquent, à la main et à la machine, des pantalons à plis dont le prix de façon est de 1 fr. 50 à 3 fr. 75 la douzaine. L'aînée travaille 14 heures de décembre à février et 10 heures de mars à novembre; la cadette a des journées plus courtes. Elles subissent une morte saison qui va de juin à aôut, et travaillent alors cinq heures seulement. Chaque livraison leur prend deux heures. Le gain brut des deux sœurs se monte à 494 francs par an; mais il faut en défalquer 15 francs pour la location et l'amortissement de la machine à coudre, 31 francs pour le fil, les aiguilles et l'huile qui graisse la machine, 20 francs pour les frais d'éclairage. Reste aux deux ouvrières pour vivre 428 francs, un peu moins de 1 fr. 20 par jour. (Le bureau de bienfaisance supplée à ce qui manque.)

N° 64. — Une ouvrière de 22 ans, valide et célibataire, qui a deux enfants en bas âge, qui fabrique des chemises dont la douzaine lui vaut de 1 fr. 80 à 2 fr. 80, qui travaille 6 heures d'août en janvier en temps de presse et 2 heures seulement en temps ordinaire, qui chôme durant un mois, perd une heure à chaque livraison, c'est-à-dire trois fois par semaine, arrive à gagner 200 francs, que les défalcations réduisent à 150. (Encore une assistée du bureau de bienfaisance.)

N° 71. — Deux ouvrières, qui gagnent, à elles deux, 480 francs par an, reçoivent du bureau de bienfaisance 70 kilos de pain et 2 sacs de charbon, habitent dans le faubourg au premier étage un logement composé d'une chambre et d'une cuisine; paient 98 fr. de loyer, s'éclairent au pétrole et travaillent, suivant les saisons, 10 heures, 8 heures et 5 heures. Leur situation peut être considérée comme moyenne.

Inutile, je crois, de multiplier ces réponses, où le recours au bureau de bienfaisance revient comme un refrain. J'extrais cependant du volume (1) ce budget qui est plus éloquent qu'une longue dissertation :

« Mme A..., âgée de 76 ans, est encore alerte malgré son âge et les privations qu'elle a à supporter. Elle descend, dit-elle, d'une famille de vieille noblesse ruinée en 1793, et montre encore avec plaisir des titres qui prouveraient la situation de ses ancêtres. Elle est née dans une certaine aisance; son père était un petit fonctionnaire. Toute jeune elle commença à travailler de l'aiguille; elle parle vo-

(1) Tome III, p. 383.

lontiers des beaux travaux de broderie qu'elle exécutait autrefois et des prix rémunérateurs qui lui étaient payés.

Plus tard, elle vécut longtemps sans avoir besoin de travailler. Mais, il y a quelques années, un accident vint rendre incapable de tout travail son fils, chez lequel elle vivait. La misère la força à reprendre son aiguille, afin d'essayer, sans y parvenir, de gagner le strict nécessaire pour elle et pour son fils qui, en procès avec sa compagnie d'assurances, ne touche aucun secours.

C'est que la situation avait changé; et Mme A... ne retrouva ni les beaux travaux, ni les beaux prix de façon d'autrefois : elle fait du feston et gagne difficilement 200 francs par an.

Comme beaucoup d'ouvrières de Saint-Omer, comme toutes celles qui travaillent à la main, elle se plaint des couvents et en particulier du couvent du Bon Pasteur, qui aurait actuellement dans la ville le monopole de la fabrication de la belle lingerie, des beaux trousseaux faits à la main.

Son logement se compose de 3 pièces : une mansarde au premier et 2 pièces au rez-de-chaussée, mesurant 2 m. 80×2 m. 75×5 m. 20 et 2 m. 60 ×2 m. 75×4 m. 50. Ces 3 pièces constituent un bâtiment étroit et allongé dans la petite cour d'une maison donnant elle-même sur la rue. Les deux pièces du bas sont seules habitées. Le sol, carrelé en briques, s'y trouve à 0 m. 15 en dessous du niveau de la cour. Le bâtiment, adossé à une côte, se trouve en outre enterré d'un côté jusqu'au niveau du plafond des deux pièces habitées. Aussi ces deux pièces sont-elles très humides : par endroit le plâtre est soufflé, la muraille bosselée, le papier entièrement décollé et arraché. Portes et fenêtres joignent très mal.

Loin d'acheter du mobilier, on a presque tout vendu. La première pièce est actuellement meublée d'un grand lit de bois, d'un poêle flamand à four, de trois vieilles chaises et d'une petite table. On y voit, en outre, un grand portrait peint à l'huile, deux photographies, une petite lampe, deux vieilles horloges, quelques bibelots de verre ou de porcelaine, quelques rares ustensiles de cuisine, un seau, un broc, un balai. Quelques hardes sont pendues au mur. Dans l'autre pièce il y a un petit lit de fer, une grande armoire en noyer, une petite étagère et trois chaises.

Les vêtements portés tous les jours et, en particulier, les chaussures sont en mauvais état et n'ont pas été renouvelés depuis deux ans. On conserve avec soin une tenue propre.

Comment deux personnes peuvent-elles vivre avec des ressources aussi faibles? C'est ce que montre le budget suivant :

Nourriture :

Pain : 2 livres par jour, à 0 fr. 30 le kg.	109	50
Viande (jamais)	»	»
Café : 0 fr. 20 par semaine.	10	40
Chicorée : 0 fr. 10 par semaine.	5	20
Sucre : 0 fr. 15 par semaine.	7	80
Epices.	5	20
Lait : 0 fr. 05 par semaine.	2	60
Pommes de terre : 0 fr. 10 par jour. . . .	36	40
Autres légumes : 0 fr. 25 par semaine. .	13	»
Graisse : idem. . . . . — . .	13	»
Total.	203	10

Logement.

Loyer, 5 francs par mois. Mais depuis 2 ans 1/2 il n'a été payé qu'un acompte de 50 francs.

Chauffage.

En hiver et par semaine : un hectolitre de
coke à 0 fr. 60, et 0 fr. 40 de charbon
pour allumer.

En été et par semaine : 0 fr. 50 de coke
et charbon.

Total.................   19 50

Eclairage.

Hiver : 0 fr. 70 de pétrole par semaine,
Eté : 0 fr. 20 de pétrole par semaine,
soit au total 16 fr. 90 (déjà déduit du
gain de l'ouvrière).

Blanchissage.

Par semaine :
2 livres de savon noir à 0 fr. 20.
Savon de Marseille.
Amidon et bleu.

Total.................   10 40

Divers.

M. A... fait partie du Syndicat du bâtiment, mais il ne paye pas sa cotisation.

Total des dépenses......   233 »

Ainsi, malgré d'aussi faibles dépenses, malgré le loyer non payé, le déficit annuel serait de 30 à 50 francs.

Jusqu'alors ce déficit a été comblé par la vente d'objets mobiliers, dernières épaves de l'aisance passée.

Depuis trois ans en effet on a vendu (en dehors de 4 tableaux, dont le prix de vente [50 fr.] a permis de donner un acompte sur les termes non payés) :

Une table en acajou massif.........Fr.	25	»
Une glace.....................	17	»
6 chaises......................	7	»
1 machine à coudre..............	42	»
Un pied de machine à coudre........	0	70
1 vieille machine à coudre..........	12	»
Un poêle flamand................	6	»
Une horloge....................	4	»
Une lampe....................	6	»
Un plat, 2 assiettes, un Christ en cuivre.	3	»
Total................	122	70

Les entrepreneuses, qui ont chez elles une ou plusieurs apprenties, arrivent à nouer les deux bouts. Elles sont souvent mariées à un petit employé ou à un ouvrier menuisier, couvreur, convoyeur, forgeron, ce qui met le ménage à flot. Une dame D..., avec sa nièce et une ouvrière, se fait 2.341 fr.; mais elle avoue que dans tout Saint-Omer on ne trouverait pas plus d'une douzaine de lingères obtenant pareil résultat et encore faut-il savoir au prix de quelles fatigues elle y parvient (1).

En bonne saison, on se met à l'ouvrage à 6 heures du matin; à midi, un bouillon acheté en ville et un peu de viande grillée; à 1 heure, le travail reprend et dure jusqu'à 11 heures du soir. « On goûte et on soupe sur sa machine; le souper ne comprend qu'un œuf et du lait, ou seulement une tasse de chocolat; on fait son lit avant de se coucher. »

Quant aux ouvrières, qui commencent en général à travailler vers 18 ans, il y en a seulement 12 sur 134 qui dépassent 60 ans; en temps de presse, c'est-à-dire dans une période de 2 à 5 mois, 46 % d'entre elles travaillent plus de 10 heures; leurs gains annuels sont, pour la plupart, de 201 à 400 francs; et, quoique leurs loyers soient en majorité au-dessous de 150 francs, le nombre des familles assistées est d'environ 50 %.

(1) Page 277.

En ce temps-là (1908) les centres où l'on travaille dans le fin, où l'on fabrique des articles de luxe, offraient des salaires plus élevés. C'était le cas à Rouen ou dans les Vosges; mais là même ils demeuraient insuffisants pour faire vivre la travailleuse à domicile qui n'avait pas d'autres ressources. La démonstration de cette angoissante vérité me paraît amplement faite.

CHAPITRE II

Que résulte-t-il de ce manque perpétuel d'équilibre entre les dépenses et les recettes?

D'abord, aux époques où le travail bat son plein, des journées interminables, un surmenage épuisant. Le pis, c'est que, s'il y a dans la famille des enfants, ils sont prématurément associés à ces excès de travail. La loi qui a rendu l'école obligatoire en a sauvé quelques-uns; mais combien en est-il qui, avec l'assentiment ou, pour mieux dire, par l'ordre de leurs parents, sont maintenus et employés au logis comme de petits instruments utiles! Tant pis s'ils sont atrophiés, s'ils deviennent rachitiques! Ils auront aidé à faire bouillir la marmite.

Pour les femmes et les filles adultes, esclaves de la machine à coudre pendant un temps qui n'a d'autre limite que celle de leurs forces, c'est, faute de repos et d'exercice en plein air, faute aussi d'une nourriture réconfortante, le manque d'appétit, la chlorose, la gastrite; pour celles qui vont devenir mères, c'est le mouvement de la pédale qui, en dépit des déclarations optimistes de certains chirurgiens, détermine des troubles, des accidents; c'est, après la maternité, la reprise trop prompte de la besogne journalière. C'est pour toutes la fatigue de la vue, qui croît d'année en année en même temps que décroît la possibilité de gagner de hauts salaires en travaillant dans le fin.

Mais la mère et l'enfant nouveau-né sont surtout appelés à souffrir. Il est certain que pour l'une et pour l'autre il y a une étape à franchir, plus dangereuse que pour la femme et l'enfant de la classe aisée. Il est triste que l'inégalité de la fortune, qui implique déjà une vie plus difficile et plus privée de joies, soit encore aggravée par l'inégalité devant la mort; que les mêmes êtres soient de la sorte frappés deux fois. Mais, qu'on s'en afflige ou qu'on s'en irrite, le fait est indéniable. La mortalité est plus forte là où la misère est plus grande.

L'ouvrière n'arrive pas au moment de ses couches, entourée de précautions sans nombre, préservée de toute secousse physique et morale, traitée comme un être précieux et fragile qui porte en elle l'avenir de la race. Elle est le plus souvent anémiée, déprimée, malade (1), et c'est bien autre chose encore quand il s'agit de maternité clandestine, de pauvres filles, livrées sans défense à la tentation, exposées à tous les risques, qui sont quelquefois par une sévérité inhumaine jetées sur le pavé et privées de tout secours à l'instant où elles auraient le plus grand besoin d'aide et de protection. Or, comme nous le verrons, parmi les travailleuses à domicile les filles-mères ne manquent pas. La mort fauche largement parmi ces délaissées, qui, à peine délivrées et sorties de l'hôpital, doivent gagner leur pain et, pour ne pas mourir de faim, risquent de mourir de phlébite ou d'hémorrhagie.

Après la mère, les enfants. Ceux qui viennent morts-nés sont : 1 sur 14 pour les enfants naturels, 1 sur 22 pour les enfants légitimes, et j'ai à peine besoin de dire que les enfants sans père sont beaucoup plus nombreux dans la classe ouvrière. Quant à ceux qui arrivent vivants, leur poids varie singulièrement, selon que la mère a eu plus ou moins de repos avant l'accouchement; puis, dans les premiers

---

(1) L'enquête sur la lingerie donne les chiffres suivants pour les malades de la profession : Loir-et-Cher 39 0/0; Verdun 36 0/0; Meuse 25 0/0; Beauvais 22 0/0; Saint-Omer 17 0/0.

mois de leur existence, dans cet âge critique où l'étincelle de vie qui est en eux peut être éteinte d'un souffle, où le nouveau-né, dans la France du XIXe siècle, n'avait pas autant de chances de vivre une semaine que le vieillard de 90 ans, ils sont souvent morts comme des mouches. On calculait, vers 1840, que la moitié des enfants atteignaient 23 ans, s'ils étaient nés de manufacturiers, et 8 ans seulement, s'ils étaient nés d'ouvriers. Dans le travail à domicile, on a signalé (1) que les enfants, étant un revenu pour leurs parents dès l'âge de cinq ou six ans, étaient souvent intoxiqués de café et d'eau-de-vie, afin qu'ils ne cédassent pas au sommeil. Si l'on ajoute que les pauvres petits innocents, sevrés de lait, parce que le lait de vache coûte cher, mal nourris, parfois abreuvés d'alcool, étaient emportés en vitesse, on comprend qu'en 1881 le Dr Proust pouvait écrire : « La mortalité moyenne de 0 à 1 an étant en France de 20 %, celle des enfants issus de la bourgeoisie aisée ne paraît être que de 7,6 %. »

Il est difficile ou, pour mieux dire, impossible de faire la part exacte du travail à domicile dans la mortalité infantile : les statistiques ne permettent

____

(1) Compte rendu du Congrès de Genève, p. 364.

pas ces précisions. Mais il est permis d'affirmer que la dîme prélevée par la mort sur la population enfantine n'y est guère moindre que dans le travail à l'usine.

(1) *Traité d'Hygiène*, p. 77.

CHAPITRE VII

Transportons-nous dans le domaine moral : les
effets des bas salaires y sont tout aussi désastreux.

Quand à force de travail on n'arrive pas à gagner
sa vie, quand on est grevé de dettes et impuissant
à les payer, que faut-il faire ? Le plus simple est
de chercher ou d'accepter un secours étranger. On
met bas la fierté; on se résigne au rôle d'honnête
mendiant; on tend la main; on demande ou reçoit
l'aumône. Elle est souvent tueuse de toute indépendance, quand elle émane de quelque personne ou
de quelque association pieuse qui s'arroge le droit
de peser sur les convictions des gens qu'elle se-
court. Plus libérale, quand elle se fait au nom de
l'Etat ou de la cité, quand elle est une forme de
la solidarité civique, l'assistance, qui bénévolement
supplée à l'insuffisance des salaires payés par le

patron, vient à son tour en aide aux malheureux. Mais, publique ou privée, la charité rabaisse ceux pour qui elle devient un supplément habituel et prend l'aspect d'une chose due; elle les accoutume à compter sur autrui et risque d'atrophier leur énergie; elle fait d'eux des créatures à demi passives et moutonnières.

L'impuissance à se tirer d'affaire par ses seules forces est encore démoralisante de façon plus grave. Elle pousse à ne plus distinguer nettement le tien et le mien. A Saint-Omer, au temps où les patrons livraient en pièces tissus et fournitures, l'ouvrière en employait le moins possible et gardait pour elle ce qu'elle avait ainsi épargné. C'est ce qu'on appelait « la gratte » ;et l'on citait une mère qui, par ce moyen, put habiller à neuf toute sa famille à l'occasion de la fête du pays.

Chose plus fâcheuse encore! L'ouvrière qui désespère de se faire honnêtement une vie tolérable est, non pas fatalement, mais fréquemment inclinée à tomber. Et alors sa dégradation s'opère par deux voies différentes.

Ou bien c'est l'*alcoolisme*, répugnant chez l'homme, plus répugnant chez la femme. Vers 1860, J. Simon le signalait dans la Grande-Breta-

____

(1) Enquête, tome III, p. 230.

gne qui avait devancé les autres nations dans le développement industriel. Il déclarait avoir vu plus de femmes que d'hommes dans les débits de gin; il avait constaté qu'elles menaient avec elles leurs petits enfants et les faisaient boire de force au point que certains nourrissons refusaient la mamelle des mères qui n'avaient pas bu. J'ai vu aussi à Londres, en 1896, à la porte des bars, trébucher et rouler par terre des femmes du peuple que le policeman ramassait et mettait en voiture en disant philosophiquement : « — Ce n'est rien. Ce n'est qu'une femme saoûle. » Les autres pays, à mesure que s'y développait la grande industrie, ont offert le même spectacle. A Lille, Jules Simon comptait 25 % d'ivrognes parmi les hommes, 12 % parmi les femmes. En 1895, à Paris, Henry Leyret, journaliste et écrivain, se faisait marchand de vin à Belleville, pendant cinq mois, afin de se documenter exactement sur la vie des traavilleurs et travailleuses. Derrière son comptoir de zinc, il observait ses clients et clientes, et en se gardant d'exagérer, d'attribuer à toutes les femmes de la classe laborieuse le vice de quelques-unes, il écrivait (1) : « Le matin, allant aux provisions, des femmes s'approprient une demi-douzaine de sous au préjudice du ménage;

(1) *En Plein Faubourg*, pp. 60-61.

vivement, serrant sur leur bras un papier jaune graisseux, elles se glissent d'un pas furtif dans les bars, demandent un verre d'absinthe, l'avalent en deux secondes. Suivez-les! Quelques pas plus loin, nouvel arrêt, nouveau verre d'absinthe. Et ainsi deux fois, trois fois. »

Mais rares sont ces avinées que la foule hue et insulte, si elles roulent au ruisseau. « D'autres femmes, d'ailleurs moins alcoolisées, se sont habituées à boire « la goutte » chez elles, régulièrement. A l'estaminet voisin, elles s'en vont chercher quelques sous de rhum, d'eau-de-vie, surtout du spiritueux suisse, ce que le peuple appelle du vulnéraire : « Cela fait passer le temps ». En fin de journée, il en résulte des rires plus aigus, une volubilité plus pressée, des mots sans suite, très risqués. Demi-griserie que dissipera le sommeil. »

Il semble toutefois que cette tare soit moins commune parmi les travailleuses à domicile que parmi les ouvrières d'usine, qui sont entraînées par l'exemple et la compagnie des hommes et prédisposées par les atmosphères brûlantes qu'elles doivent souvent respirer.

Mais elles échappent moins à une autre voie descendante. Quand l'ouvrière se trouve en face d'un déficit régulier, quand elle se dit avec angoisse :

« — Comment payer mon terme? Comment acquitter la note du boulanger, de l'épicier, du charbonnier qui finissent par refuser tout crédit, à supposer qu'ils n'aient pas commencé par là! » — Il ne lui reste plus qu'à monnayer sa jeunesse, et sa beauté, si elle en a quelque peu. Comme l'écrivait Charles Benoist : « — A elle de combler le vide, en se rappelant qu'elle est femme. » Heureuse, si elle rencontre un homme qui s'attache à elle de façon durable et prend la moitié du fardeau qui l'accable. Mais trop souvent elle est abandonnée, et, qui pis est, avec un ou plusieurs enfants; soit que la charge paraisse trop lourde à son compagnon, soit que la pauvrette ait perdu sur la route fraîcheur et attraits. Elle passe alors d'un amant à un autre; suivant une expression populaire qui fait image, elle « tombe aux hommes ».

Certes, il y a des chutes qui ressemblent d'abord à des ascensions. Il se trouve dans les grandes villes des femmes qui, à force de vendre leurs sourires et leurs caresses, ont ramassé dans la boue beaucoup d'or, de cet or qui, paraît-il, purifie tout. En ce cas là, on cite leurs mots, on admire leurs équipages, on copie leurs toilettes. Dangereux exemple pour la modiste, la couturière, la lingère, la fleuriste! Elle a sans cesse devant ses yeux un spectacle qui est fait pour éveiller ses convoitises et sa jalousie. Elle fait des chapeaux, des robes, des chemises brodées, des guirlandes de roses pour des dames qu'elle voit de près et qui souvent sont moins fraîches et moins jolies qu'elle. Elle se dit avec tristesse que son lot est de travailler à faire belles des personnes qui ne la valent pas. Elle songe à l'abeille qui fait son miel et ne le mange pas, à la brebis qui grelotte pendant que sa toison réchauffe les membres d'autrui. Or tout le monde n'a pas la vocation d'être abeille ou brebis. L'ouvrière souhaite naturellement avoir part à ces parures délicates que confectionnent ses mains industrieuses. Et le spectacle devient plus troublant encore, quand elle voit ces fanfreluches portées par des femmes qui sont nées dans la même condition sociale qu'elle-même, mais qui se sont évadées de la pauvreté par un chemin qui semble de velours. Quelle tentation! Les braves chassent ces mauvaises pensées; les faibles, les veules, les indolentes se laissent aller à la première occasion qui passe. Le peintre Giron a représenté, dans un tableau qui fit sensation, ces deux sœurs qui se rencontrent devant la Madeleine, l'une en voiture, avec une toilette voyante, l'autre à pied, avec une petite robe modeste et fanée. Gustave Geffroy, dans son tragique roman de *L'Apprentie*, a incarné à son tour en deux filles de la même mère ce contraste : la vie droite, fière et austère de l'ouvrière qui veut travailler et rester honnête et la vie en apparence facile, brillante et douce, en réalité dégradante, piteuse et finalement atroce de l'ouvrière qui a cru se libérer de la servitude du travail et qui devient une pauvre épave roulée par la vague indifférente.

Pour une qui fait fortune, il y a cent infortunées qui, de cascade en cascade, tombent si bas qu'il n'y a plus pour elles possibilité de se relever.

A Saint-Omer, un dirigeant ouvrier n'a pas craint de dire : « Les ouvrières lingères ne pourraient vivre de ce qu'elles gagnent; avec cela, les jeunes filles sont coquettes; elles veulent porter la toilette. 80 % d'entre elles se prostituent avec les gens de la ville ou la garnison; 30 % des femmes mariées en font autant. Ces proportions paraîtront exagérées, mais sont absolument exactes. » Le fait est qu'en 1907 les filles-mères y étaient au nombre de 120 parmi les femmes secourues par le service des enfants assistés (1).

Prostitution, voilà donc la suprême ressource, à moins que le refuge préféré ne soit la mort, par le classique réchaud à charbon ou par le saut dans la rivière ! On a pu distinguer celles qui font trafic de

____
(1) Enquête, p. 232.

leur corps en trois catégories : les *inconscientes*, celles qui dès leur enfance ont vécu à l'abandon, en état de vagabondage, qui sont proprement des amorales, des êtres sauvages égarés dans notre civilisation; les *vicieuses*, qui, souvent par une hérédité alcoolique, apportent en naissant des instincts pervers et des sens impérieux; les *dévoyées*, qui forment l'immense majorité, c'est-à-dire celles qui ont été jetées hors du droit chemin par la vie, par un premier amour trompé, par la détresse, par la nécessité. Parent Duchâtelet, qui a longuement et scientifiquement étudié la provenance de ces femmes tombées, qu'on n'ose plus appeler des filles de joie, disait avoir rencontré parmi elles « des prostituées par vertu ».Il entendait des femmes qui s'étaient vendues pour donner du pain à leurs enfants. La plupart du temps elles n'ont eu que le choix entre les deux termes d'une terrible alternative : ou passer sous les ponts, épaves destinées à la Morgue, ou circuler sur les trottoirs. Villermé racontait qu'à Reims, à Sedan, vers 1840, les ouvrières, à peine rétribuées, cherchaient le soir un supplément de gain nécessaire à leur misérable salaire. L'habitude était prise. Elles appelaient cela *faire leur cinquième quart de journée*. Combien d'autres, quand sévit a morte saison, cherchent un salut précaire dans cette extrémité! Leur jettera qui voudra la première pierre. J'estime qu'il faut les plaindre et non les accuser. La société bourgeoise qui les condamne, les flétrit, les repousse, ne devrait jamais oublier que, s'il y a des vendeuses de caresses, c'est sans doute parce qu'elles trouvent aisément des acheteurs parmi ceux qui ont de l'argent. J'ai jadis écrit, en m'adressant aux femmes de la classe aisée : « Oui, Mesdames, leur métier est vil, aussi vil que triste, aussi triste que périlleux pour leur santé et pour celle d'autrui. Mais si vous calculez la somme d'héroïsme (je ne dis rien de trop) qu'il faut à une jolie fille pauvre pour résister aux belles paroles des Don Juan de barrière ou de salon, à la fièvre des sens, à la contagion du mauvais exemple, aux impérieux conseils de la faim, au désir si légitime d'avoir sa part de joie et de bien-être, en est-il beaucoup parmi vous qui oseraient dire en toute conscience : Je ne serais point tombée comme ces femmes perdues?

« Qui donc a dit : « Si tous les voleurs et toutes les courtisanes avaient trouvé, en venant au monde, une famille honnête, une fortune assurée et une éducation saine, il n'y aurait ni voleurs ni courtisanes. Ceux qui auraient quand même embrassé cette

---

(1) *Lettre aux Femmes* (Stock, éditeur).

carrière dangereuse auraient été des maniaques; celles qui auraient choisi ce métier de rebut auraient été des malades. » Ce n'est point un révolutionnaire qui parle ainsi; c'est un écrivain que vous avez eu coutume d'applaudir, Mesdames, c'est Alexandre Dumas fils dans la préface de *La Dame aux Camélias.* »

Pour en finir avec ce lugubre sujet, disons que dans les rangs des malheureuses dont nous parlons on trouve en première ligne des femmes dites sans profession, dont la paresse est la passion dominante, puis des domestiques, puis, en nombre à peu près égal, des filles de fabrique et des ouvrières de l'aiguille. Mais répétons, une fois de plus, que, pour celles-ci, c'est la conséquence directe des bas salaires qu'elles touchent et des taudis qu'elles habitent.

CHAPITRE VIII

MOTIFS TECHNIQUES ET PATRONAUX
QUI MAINTIENNENT LE TRAVAIL A DOMICILE

Avant d'aller plus loin, un problème se pose qu'il faut résoudre. Pourquoi le système de la fabrique dispersée, qui est en pleine floraison autour de nous, a-t-il, malgré les maux qu'il engendre, un succès aussi général que durable?

J'ai déjà dit les raisons qui lui assurent des recrues, et il n'y a pas apparence, à moins d'une transformation très profonde de notre régime économique, que les sources d'où proviennent les travailleuses à domicile soient en passe d'être taries. Mais il y a d'autres causes au maintien de ce mode de travail.

Il en est de tchniques. S'agit-il d'objets précieux par la matière dont ils sont composés ou par la manière dont ils sont façonnés? En pareil cas il faut des ouvriers qualifiés ou des ouvrières d'élite pour donner à ces articles de luxe le fini qui fait ou double leur valeur. Il y a là une aristocratie de travailleuses qui gagnent largement leur vie et n'ont pas à redouter les misères que j'ai contées.

A ce propos il est indispensable de rappeler la lutte acharnée que soutiennent le travail mécanique et le travail à la main. Elle a fait couler beaucoup d'encre, de paroles, et même de sang à certains moments. Elle a suscité beaucoup de débats, de colères, de conflits et elle n'a pas cessé d'agiter le monde industriel.

Le travail mécanique est plus rapide, plus productif; il peut en moins de temps livrer à plus bas pris des produits uniformes et presque identiques. Il a démocratisé, comme on dit, c'est-à-dire mis à la portée des petites bourses, ce qui était jusqu'alors réservé aux privilégiés de la fortune. Mais le travail à la main, qui est plus lent, moins sûr dans ses résultats, peut être et est souvent plus soigné; il est plus artistique, parce qu'il garde un caractère personnel, étant d'une part plus approprié aux désirs de la personne qui le fait exécuter, et, d'autre part, reflétant l'âme, portant la marque de l'ouvrier. Il est permis de résumer ce qui les distingue en disant :

le travail à la main invente et produit; le travail à la mécanique copie et reproduit.

C'est pourquoi le prix n'est pas le même du vêtement acheté au magasin de confection et de celui qui a été exécuté sur commande par le tailleur ou la couturière. C'est pourquoi une dame, pour peu qu'elle soit connaisseuse, ne mettra pas sur pied d'égalité la pièce de dentelle fabriquée mécaniquement à des milliers d'exemplaires semblables, et la pièce unique qui, fût-elle semée de quelques fautes, de quelques traces de repentir, a été longuement caressée par la main de l'ouvrière.

Or c'est à domicile que se fait le plus souvent le travail à la main : il conserve sa raison d'être partout où existe une industrie de luxe. S'agit-il, au contraire, de production courante, ayant moins de prétentions et de qualités? Le travail à la machine a l'avantage de multiplier à volonté les produits fabriqués en série. Cependant il ne se fait pas nécessairement à l'usine. La machine a pénétré dans le logis du travailleur ou de la travailleuse. C'est parfois une machine portative, pas plus grosse qu'un meuble : tel est le cas de la machine à coudre. Grâce à l'engin nouveau, une femme abattait autant d'ouvrage que neuf ou dix n'ayant que l'aiguille pour outil; on n'eût pas obtenu rapidité plus grande à l'atelier. De nos jours le phénomène se répète. Grâce à l'invention des petits moteurs à gaz et à pétrole, grâce surtout à l'électricité qu'on peut débiter par tranches et transporter à distance, l'ouvrier peut recevoir chez lui la force motrice dont l'usine avait jadis la possession exclusive. A Genève, au milieu du Rhône qui sort du lac Léman lancé comme une flèche, un barrage et des turbines captent l'énergie du fleuve, qui est ensuite distribuée par petits morceaux dans toute la ville. L'horloger opère dès lors, sans quitter son établi, des travaux, comme le reperçage des plaques de métal, qui autrefois ne pouvaient s'exécuter que dans un grand établissement. Avec l'électrification des petites villes et des campagnes, qui se poursuit sans bruit et sans relâche, l'ouvrier est à même d'avoir au bout d'un fil une parcelle d'énergie équivalant à deux ou trois chevaux-vapeur, et il est aisé de comprendre que cette faculté précieuse est une cause de durée pour le travail à domicile. Soit à la main, soit mécanique, il a ainsi sa raison d'être.

Il en a d'autres qui se rattachent aux intérêts des patrons.

Pour eux, la fabrique dispersée représente une notable économie de frais généraux. Pas besoin de construire d'énormes et coûteux bâtiments pouvant contenir des milliers d'êtres humains. Pas besoin d'éclairer ni de chauffer les locaux où vivent les travailleurs, puisqu'ils sont éparpillés sur un vaste espace. Du même coup, allègement des impôts, qui ont été si longtemps calculés d'après les signes visibles et trompeurs de la richesse. Puis une crise survient-elle? Le patron n'est pas obligé de moudre à perte, je veux dire de faire marcher ses machines, au risque d'encombrer ses magasins d'un stock qu'il ne peut écouler; ou bien de les laisser, inertes et mortes, se rouiller dans une immobilité désastreuse. Il se borne à suspendre ses ordres aux travailleurs qu'il occupe d'ordinaire; il reporte ainsi sur son personnel, qu'il ne paie pas durant ce temps-là, les pertes et les souffrances de ce chômage momentané.

Prenons comme exemple une industrie exposée aux caprices et aux à-coups de la mode. Il est évident que, si par un changement dans le goût de la clientèle, la demande vient à faiblir, il est nécessaire de fabriquer moins. Il n'est pas moins évident que, si, pour un motif analogue et inverse, la demande devient abondante et pressante, il faut hâter et pousser la production. Ce double cas s'est présenté plusieurs fois pour la rubannerie de Saint-Etienne. La vente des rubans de soie noire s'est chiffrée en 1886 par 9 millions, en 1889 par 25, en 1897 par 10. Ce sont là de redoutables fluctuations, dont on retrouverait les pareilles pour les rubans façonnés et pour les velours. Or pour s'y plier, si le travail s'opérait sous le régime de la fabrique agglomérée, il faudrait des usines qui utiliseraient tantôt des milliers et tantôt seulement des centaines d'ouvriers, tantôt trois ou quatre et tantôt vingt ou trente machines. Mais comment les patrons triomphent-ils de ces écarts singulièrement gênants? Au moyen du travail à domicile. Selon les oscillations de l'offre et de la demande, ils augmentent ou diminuent le nombre des travailleurs et des chevaux-vapeur qu'on leur loue. Grâce à l'élasticité de la fabrique dispersée, ils rejettent et disséminent sur la masse de leurs ouvriers et ouvrières les risques inhérents à leur industrie.

Faut-il un autre exemple? En 1907, une fabrique d'étoffes d'ameublement occupait en atelier 70 ouvriers et 40 ouvrières travaillant à la machine. Or il advint que le Touring-Club, pour des raisons d'hygiène, entama une campagne contre les tentures considérées comme des réceptacles de poussière et de microbes. En conséquence, diminution de la demande, ralentissement de la fabrication. Les ouvriers auraient souhaité qu'on établît un roulement, de façon que, sans renvoi, le peu de travail restant fût réparti entre eux tous. Les patrons se refusèrent à cette combinaison. Ils préférèrent, comme plus avantageux à leurs propres intérêts, l'abandon du travail en atelier et même du travail mécanique; ils ne craignirent pas une véritable régression, le retour aux procédés anciens du travail à la main fait à domicile. Malgré une grève qui s'ensuivit, ils fermèrent leur usine, installèrent des métiers à main dans les maisons du voisinage. C'était pour eux une économie certaine et le moyen d'atténuer une crise inattendue.

Une seconde raison a milité longtemps et milite encore auprès des patrons en faveur de la fabrique dispersée. Par cela seul que le travail s'exerçait dans le logis familial, il a échappé pendant un bon nombre d'années à l'action des pouvoirs publics qui s'arrêtait respectueusement au seuil de ce sanctuaire déclaré inviolable. Point d'inspecteur ou d'inspectrice, point de procès-verbal à redouter. Dans ce huis-clos, il était permis, si on le voulait ou si on le pouvait, de travailler 12, 14, 15 heures par jour. Point de contravention à craindre, si l'atelier de famille était malsain, s'il ne contenait pas le cube d'air jugé nécessaire, si les enfants étaient mis à la besogne avant l'âge réglementaire. Le fabricant, qui

distribuait l'ouvrage, n'avait pas à s'inquiéter de
tout cela. Et, maintenant encore, si quelque accident se produit, si un fil électrique brûle un mala-
droit, si un éclat de verre ou de métal blesse une
ouvrière, cela ne le regarde pas ; il n'est pas responsable ; le malheur n'est pas arrivé dans un local
lui appartenant.

C'est pourquoi la transformation de la manufacture en fabrique dispersée n'est pas rare ; témoin un
rapport de l'inspecteur divisionnaire de Lille en
1904. A la suite d'un procès-verbal dressé dans une
fabrique de lingerie pour emploi d'enfants en sous-
âge, de fillettes ayant moins de seize ans, au travail
des machines à coudre mues par des pédales, l'industriel fut condamné. Aussitôt après le prononcé
du jugement, l'atelier qui occupait une trentaine de
filles et de femmes fut licencié. Les machines furent
transportées chez les ouvrières et, depuis lors, des
fillettes de dix à douze ans purent être mises impu-
nément au travail avec leur mère ou leurs sœurs
durant des douze et quinze heures par jour.

Une troisième et dernière raison porte les employeurs à voir de bon œil la fabrique dispersée.
Par définition même les ouvriers et ouvrières qu'elle
emploie sont des isolés. Ils ne se coudoient pas, ne
se fréquentent pas, ne se connaissent pas même. Ils

sont par suite dans l'impossibilité de s'entendre, de se concerter, de former un bloc résistant. Ils demeurent à l'état de poussière humaine, sans cohésion, sans volonté collective; ils sont incapables de ces coalitions qui sont la terreur du monde patronal. Leur émiettemment permet de les payer très peu, de leur imposer des conditions draconiennes. C'est le contraire de ce qui devrait être, puisque le travail à domicile procure aux patrons un avantage notable en leur épargnant des frais et des soucis. Mais la justice est rarement ce qui règle les rapports économiques dans les sociétés humaines : on a profité de ce que les femmes sont ici la grande majorité pour leur infliger des salaires de famine.

CHAPITRE IX

COUP D'ŒIL SUR LES CONFECTIONNEUSES,
DANGER DE LA CONTAGION PROPAGÉE
PAR LES VÊTEMENTS FABRIQUÉS A DOMICILE

On ne peut pas dire que le système de la fabrique dispersée soit mauvais pour les patrons et patronnes. Mais est-il bon pour les ouvrières ?

Nous avons considéré celles de la lingerie : regardons maintenant les confectionneuses de vêtements pour femmes, enfants et hommes.

Vers 1909, à Paris, on établissait ainsi le prix de revient et le prix de vente d'un costume tailleur (1) :

(1) *La vie tragique des travailleurs*, par les frères Bonneff, p. 286.

Jaquette, prix payé à l'ouvrier.............. Fr.   25
Retouches exécutées à l'atelier................   5
Jupe..   15
Retouches en atelier...........................   3
____
            Total...................... Fr.   48
Appointements du coupeur pour la jaquette.. Fr.   5
Appointements du coupeur pour la jupe.........   3
____
            Prix de façon............. Fr.   56
Etoffes et fournitures diverses............. Fr. 114
____
            Prix de revient total....... Fr. 170
        Prix de vente du costume : 300 francs.

Cela laissait une belle marge de bénéfices.

C'est vers le milieu du XIX⁰ siècle, avec la machine à coudre, que naquit le grand magasin de confection, où n'importe qui devait, dans un énorme approvisionnement, trouver des habits tout faits lui allant tant bien que mal. Il s'adressait à la clientèle, sinon tout à fait pauvre, du moins de fortune médiocre; il produisait en série pour des acheteurs et acheteuses inconnus et cela devait avoir une répercussion grave sur la situation des ouvrières.

D'abord les directeurs des grands magasins — plus commerçants que fabricants — ne mettaient guère la main à la pâte; ils se contentaient d'ordonner, de recevoir les marchandises commandées et d'augmenter la vente par une publicité intense et par un étalage tentateur. Aussi, entre eux et les ouvrières, mettaient-ils des intermédiaires : entrepreneurs et entrepreneuses, qui se chargeaient de distribuer le travail, d'en surveiller l'exécution et qui, naturellement, prélevaient au passage leur bénéfice.

Les confectionneuses — poétiquement désignées sous le nom de *cousettes*, — se divisaient en spécialités bien tranchées, avaient souvent des hommes comme collaborateurs : par exemple dans la fabrication des casquettes, exercée à Paris par des Juifs réfugiés qui habitent dans les ruelles étroites avoisinant l'église Saint-Gervais. Les coupeurs taillent l'étoffe, les mécaniciens rassemblent les pièces et font la coiffe; les bichonneurs l'adaptent sur la forme et la repassent; les femmes sont uniquement employées à coudre les visières pour des salaires qui ont été longtemps le 5° ou le 6 des salaires masculins.

Ce sont vraisemblablement les plus malheureuses. Mais les confectionneuses en vêtements de femme n'étaient guère en meilleure posture avant la guerre, si nous en croyons ces tableaux pris sur le vif par Mme Compain (1) :

(1) Articles parus dans *La Petite République* d'août à novembre 1910.

Dans une petite chambre d'un quartier éloigné, une femme jeune encore a étalé sur un lit étroit plusieurs mètres d'étoffe de lainage clair. Il lui faut tailler dedans douze corsages de même grandeur. Armée d'une paire de grands ciseaux dont l'anneau a creusé autour de son pouce un sillon déjà profond, elle les coupe l'un sur l'autre, ensemble, afin d'économiser les minutes. Rapidement elle bâtit les empiècements, puis elle s'installe à sa machine à coudre. Chaque corsage est orné dans le dos de sept petits plis, et devant de six séries de quatre petits plis. L'empiècement, le col et les poignets sont en outre bordés d'un étroit galon de soie assortie à la nuance du corsage, et agrémentés aussi de petits plis. Pour coudre tous ces plis et ces galons, l'ouvrière va pédaler plusieurs heures de suite. Ensuite il lui faudra coudre les agrafes et, au bout de sa journée, lorsque le soir, vers onze heures, elle se couchera, les jambes lourdes et la tête en feu, elle aura fini de cinq à six corsages qui lui auront été payés chacun 45 centimes ; si elle n'avait pu les tailler, elle aurait touché seulement 35 centimes. A l'heure du repas, elle est descendue, en courant, chercher quelque portion de légumes cuits chez la crémière du coin et un peu de charcuterie. Dans la chambre, un petit garçon accroupi joue avec des chiffons. S'il se lève et vient auprès de sa mère, celle-ci le repousse, le rudoie. Cependant elle l'aime; c'est pour l'arracher à une nourrice, qui le laissait mourir de faim, qu'elle a quitté sa place de domestique et s'est mise dans la confection pour le garder avec elle.

Mais en travaillant ainsi douze à quatorze heures par jour, elle n'arrive guère à dépasser un gain de 2 fr. 50! Cependant elle a connu, il y a quelques mois, de plus mauvais jours encore. Elle travaillait alors pour une maison qui faisait le corsage de pilou et donnait 15 centimes, 10 centimes par façon. Il était impossible de faire plus d'une douzaine de ces corsages par jour.

Cependant sa machine n'est point seule dans cette demeure où elle habite aujourd'hui à faire entendre sa trépidation énervante.

Descendons un étage. La porte s'ouvre sur une petite salle à manger, claire et meublée confortablement. Une femme moins jeune, mais dont les joues ne sont point creusées par l'habitude de la faim, est en train de ranger sa vaisselle. Dans quelques minutes elle s'assiéra elle aussi devant sa machine à coudre et piquera des corsages identiques. Elle n'en fera que trois ou quatre dans sa journée, mais la pièce de trente ou de quarante sous qu'elle aura gagnée ainsi apportera dans son ménage un supplément agréable, s'il n'est pas indispensable, car elle est mariée à un travailleur dont le gain suffit à la nourrir. Cependant, tout comme sa voisine, il lui faudra rapporter au magasin sa douzaine de corsages finies : aussi donnera-t-elle ceux qu'elle ne pourrait achever en temps utile à une ouvrière plus pauvre. Elle lui donnera le corsage coupé et, au lieu de retenir les deux sous de coupe que paye le magasin, elle retiendra quatre sous. Ainsi elle aura gagné deux sous et l'ouvrière misérable à qui elle procure du travail fera ce corsage pour 25 centimes. Celle-ci ne rudoiera pas la petite fille qu'elle garde auprès d'elle au lieu de la conduire à l'école. Elle lui mettra une aiguille entre les mains et l'enfant de cinq ans, aux lèvres pâles et bouffies, tant bien que mal coudra des agrafes; un durillon s'est déjà formé sur son petit doigt à la place du dé absent.

Dans une autre demeure de la même rue une jeune fille privilégiée fait des jaquettes de drap pour dames qui lui sont payées 1 fr. 25. Elle arrive à gagner 3 francs par jour. Mais si nous allions frapper à d'autres portes nous trouverions des jupières qui font des jupes à 60 centimes et n'en peuvent faire que deux dans la journée, des juponnières qui font des corps de jupon à 20 centimes, 10 centimes, 5 centimes. Le peignoir de percale se paye 45 centimes et le peignoir de laine 60 centimes. Les salaires les moins mauvais sont donnés par le vêtement de garçonnet. Une culotte droite est payée 40 centimes, et une culotte à bracelet 60 centimes. Une ouvrière en fera quatre ou cinq par jour. Par contre, la douzaine de tabliers d'enfants avec empiècement et ceinture ne vaut plus que 1 fr. 50. Si l'on donnait à l'ouvrière qui fait aujourd'hui le corsage de lainage à 45 centimes un corsage de tulle grec, doublé soie, presque élégant, elle ne gagnerait pas au change. Le corsage de tulle ne lui serait payé que 1 fr. 25 et elle ne pourrait en faire plus d'un par jour.

Tels sont, choisis à peine entre beaucoup d'autres équivalents, quelques-uns des prix courants de la confection. Nous avons, à dessein, écarté les plus bas : le tablier de femme à volant, 5 centimes, etc.

On voit que les confectionneuses de Paris n'étaient pas plus favorisées que les lingères de province ; aussi la nécessité d'améliorer la situation des ouvrières, nécessité qui frappait déjà tout observateur épris de justice, devenait-elle de jour en jour plus éclatante et plus urgente. Or, à la haine désintéressée, des iniquités sociales, s'ajoutaient d'autres et puissants motifs.

Qui restait insensible à la dégénérescence de la classe ouvrière était ému de la dépopulation dont la France pâtissait par deux causes distinctes, mais agissant dans le même sens : d'un côté par la mortalité qui demeurait formidable dans la population pauvre (à Paris, 50 % quartier des Gobelins, Buttes Chaumont 28 %, le double des chiffres relevés dans le quartier des Champs-Elysées, ou dans le IXe arrondissement, 12 et 14 %) ; d'autre côté par le déclin de la natalité que restreignaient sans répit l'infanticide et l'avortement.

Et qui restait insensible à cet étiolement de la France, à cette disette d'hommes qui la menaçait, au souci de l'intérêt général, était atteint par le sentiment de son intérêt particulier, par une peur égoïste et vengeresse. On s'avisait que les objets de toilette, ainsi confectionnés en chambre, séjournaient sur des lits où agonisaient des tuberculeuses ; qu'ils étaient des véhicules de maladies contagieuses, telles que variole, diphtérie, typhoïde, scarlatine ; que, par une sorte de revanche des pauvres contre les riches, des fourrures, des robes de bal, des chemises de dentelle allaient porter la mort et le deuil dans des maisons luxueuses qui devenaient solidaires des taudis.

L'idée d'adoucir le sort des ouvrières à domicile était désormais lancée, et le moment est venu, après avoir détaillé les souffrances et les duretés dont elles ont pâti et pâtissent encore, après avoir exposé le mal dans toute sa nudité, de dire ce qu'on a fait et ce qu'on peut faire de plus pour y remédier.

DEUXIÈME PARTIE

LES REMÈDES

CHAPITRE X

Puisque la vie de l'ouvrière à domicile est si précaire et si pénible, des personnes de cœur compatis-
sant, mais plus soucieuses d'idéal que de réalité, ont
dit : « Le meilleur moyen d'améliorer les conditions de ce travail féminin, c'est de le supprimer. »
Il faut ramener ou maintenir la femme dans le rôle
que lui assignent la nature et la tradition : n'est-elle
pas vouée aux nobles tâches de la maternité et de
l'éducation des petits enfants? Ses fonctions essentielles sont d'être épouse et mère, sans autres travaux que ceux de la ménagère.

On ne saurait méconnaître ce que cet idéal a de généreux et de séduisant. Assurément, si nous essayons de percer les brumes de l'avenir, si nous nous transportons par l'imagination dans une société organisée selon la justice et la raison, il est permis de rêver un temps lointain, mais souhaitable et possible, où grâce aux machines, ces travailleuses infatigables, toute la production industrielle pourrait-être exécutée par le labeur masculin. Les femmes n'auraient plus que les besognes de l'intérieur, dont la valeur économique, pour n'être pas évaluée en chiffres, n'en est pas moins très considérable. Dans ces conditions, l'ouvrière de la fabrique dispersée, comme celle de la fabrique agglomérée, pourrait disparaître, parce que la femme travaillerait d'une autre façon et aurait dans les machines des remplaçantes aux bras d'acier et aux doigts de fée.

Il ne faut jamais barrer l'avenir, crier étourdiment à l'utopie, déclarer irréalisables des progrès conçus par des rêveurs qui sont parfois des prophètes. Mais il est bien certain que, pour le moment présent, nous avons à répondre à ce point d'interrogation : Est-il possible, dans la situation actuelle, de supprimer le travail à domicile? Et même cette suppression est-elle désirable?

Or, il y a d'abord certaines industries qui sont naturellement féminines. Qu'il s'agisse de confectionner des chapeaux et des robes de dames, de fabriquer des fleurs, des dentelles, des vêtements ou des poupées pour les tout petits, il semble que ce ne soit pas là une occupation de gaillards portant moustaches.

Puis et surtout il ne faut pas oublier que la plupart des ouvrières, auxquelles on voudrait ôter leur travail à la maison, ne travaillent pas pour leur plaisir; qu'elles sont forcées de s'imposer cette fatigue pour des raisons impérieuses. Celle-ci qui ne s'est pas mariée ou qui est veuve ou divorcée ne peut compter que sur elle seule pour gagner son pain; celle-là, qui a des parents infirmes, cette autre qui a des enfants en bas âge ou un mari malade, sont les soutiens d'être plus faibles et plus désarmés qu'elles-mêmes. Déciderez-vous qu'elles doivent cesser de travailler? Alors, êtes-vous en mesure de les nourrir sans qu'elles aient rien à faire? Prenez garde, si vous ne le pouvez pas, de les réduire aux pires extrémités, sous prétexte de les affranchir d'une servitude douloureuse. Les femmes, qui ont bien leur mot à dire en la circonstance, seraient les premières à réclamer. Déjà, plusieurs, devant les suggestions de ces amis dangereux, ont revendiqué, au nom de leur indépendance et de leur dignité, le droit de gagner leur vie en travaillant, et personne n'a qualité pour le leur contester.

De plus, songez-vous que des pays entiers vivent de ce travail à domicile? Est-il légitime de les ruiner? Regardez, par exemple, la dentelle, dont les délicats produits ont contribué au bon renom de la France et fait entrer chez elle passablement d'argent. Dans le Velay, c'est une tradition six ou sept fois séculaire qu'il faudrait déraciner, au grand détriment de la prospérité régionale. En Normandie, par cela seul que l'industrie dentellière avait décliné, tel village du Calvados passait de 700 à 308 habitants en l'espace d'une trentaine d'années; les banlieues de Bayeux, de Falaise, de Caen dépérissaient dépeuplées, et les femmes, condamnées à l'oisiveté, cherchaient dans l'alcool un dérivatif à leur ennui. Les jeunes filles, au lieu d'être fixées au foyer, se laissaient séduire par le mirage de la ville et, n'étant plus retenues au village, elles n'y retenaient pas non plus les jeunes gens. Il avait suffi des lois scolaires, obligeant les fillettes à suivre l'école au moment où elles auraient dû commencer leur apprentissage, pour accélérer cet exode rural, et le fait que l'agriculture, ces derniers temps, leur offrait de meilleurs salaires, avait agi dans le même sens. Il a fallu tout un ensemble de mesures intelligentes pour rendre quelque prospérité aux centres provinciaux où un travail traditionnel avait été, non pas même supprimé, mais simplement ralenti et menacé.

Il convient donc d'être prudent, de prendre les choses telles qu'elles sont, de considérer le travail à domicile comme un fait, comme une nécessité, provisoire tant qu'on voudra, mais tenant à des racines profondes. J'ai déjà dit l'avantage qu'y trouvent les patrons; il faut compléter cette vérité en ajoutant qu'il a une importance vitale pour celles qui s'y livrent et pour le pays qu'elles habitent; et, cela une fois bien entendu, puisque ce travail entraîne des conséquences graves et fâcheuses pour elles, pour leurs enfants et aussi pour leurs camarades hommes et femmes des ateliers, il est sage d'étudier les moyens employés ou proposés pour les atténuer.

Or, ces moyens sont de trois sortes. Ou bien ils émanent de *l'initiative des ouvrières elles-mêmes*, s'unissant pour lutter contre les salaires de famine; ou bien ils sont dûs à *l'intervention d'associations philanthropiques* et de *patrons* plus humains que d'autres; ou encore ils représentent l'*aide des pouvoirs publics.*

Nous passerons tour à tour en revue ces trois catégories de moyens.

CHAPITRE XI

A. — L'EFFORT DES INTÉRESSÉES. SYNDICATS ET COOPÉRATIVES

La première est celle qui a la plus grande valeur morale. Pour relever un être ou une classe d'êtres, rien ne vaut l'effort personnel. Le seul fait de vouloir se tirer d'affaire par ses propres forces implique chez un groupe comme chez un individu une énergie, un courage, un sentiment de fierté qui, non seulement commandent le respect, mais sont d'ordinaire des gages de succès. Le jour où les femmes osèrent déclarer qu'elles entendaient se sauver toutes seules, on put trouver excessive leur confiance en soi, mais on fut obligé d'y voir la preuve qu'elles ne voulaient plus abandonner à d'autres le soin de leur destinée, qu'elles étaient prêtes à payer de leur personne et à entrer dans la bataille pour améliorer leur sort, en un mot qu'elles passaient de l'état de victimes résignées à celui de volontés agissantes.

Certes, cet éveil des initiatives féminines fut tardif et le mouvement qui en naquit fut intermittent, cahoté, longtemps inopérant. Je n'irai pas jusqu'à dire, comme l'a écrit un économiste allemand, que l'instinct d'association manque à la femme. C'est vraiment trop vite fait d'amputer la moitié de l'humanité de cet instinct qui est la base de toute société humaine, d'affirmer que la femme est par nature et à jamais un être foncièrement individualiste. Sans doute il est indéniable que, dans les sociétés primitives comme dans les sociétés modernes, les groupements féminins apparaissent très rares, si on les compare au nombre des groupements masculins de toute espèce. Seulement, il faudrait savoir si l'obstacle à leur formation a été interne ou externe; si, par exemple, les hommes n'ont pas, durant des siècles, tenu les femmes en chartre privée, comme c'était le cas hier encore chez les Musulmans, où elles ne pouvaient sortir que voilées, et chez les Chinois, où leur pied déformé leur interdisait d'aller et venir librement. Il faudrait savoir si, du moins, les hommes ne les ont pas gardées en tutelle, comme cela peut se voir chez des peuples chrétiens et civilisés. Il faudrait savoir si elles n'ont pas été, malgré elles, confinées, enfermées, claquemurées dans le cercle étroit du gynécée, du harem, de la famille; si, par conséquent, l'instinct individualiste qu'on leur reproche ne serait pas, comme la plupart des instincts, une habitude invétérée, héréditaire, enracinée en elles par une compression plus que millénaire.

Quelle qu'en soit la cause originelle, il est certain que la femme s'est montrée très souvent et très longtemps réfractaire à l'esprit d'association. Cela est vrai surtout pour les ouvrières à domicile. Et qui s'en étonnerait? Elles ont beau dépendre de la même maison, elles n'ont presque aucune occasion de se rencontrer, de se connaître, de mettre en commun leurs doléances.

Déjà, pour les ouvrières qui travaillent ensemble, dans les métiers où elles sont seules, il a été difficile de s'unir, de bâtir une solide organisation professionnelle. En 1917, un syndicat de brodeuses comptait 700 adhérentes; en 1925, il était tombé à six membres. Lorsqu'on invite les ouvrières en broderie blanche à se grouper, elles répondent avec résignation : « Nos mères ne le faisaient pas. » A plus forte raison les travalileuses à domicile sont-elles de moutonnières créatures qui subissent docilement ce qu'elles croient ne pas pouvoir empêcher.

En province, où elles sont plus rapprochées les unes des autres, elles ont réussi parfois à former une association. A la fin du XIXᵉ siècle, les dentelières d'Alençon ont été du nombre. Les lingères de St-Omer ont eu quelque temps une Chambre Syndicale. A Paris même les fleuristes-plumassières, en 1896, ont essayé d'avoir leur organisme de défense. On rencontrerait quelques travailleuses de l'aiguille dans les syndicats chrétiens. Mais il y a une quinzaine d'années, dans le Syndicat des lingères qui existait à Paris, on eût en vain cherché une seule travailleuse à domicile. On n'exagère pas en disant que le personnel de la fabrique dispersée n'est qu'une cohue inorganisée.

Cependant il est une autre voie où ont pu s'engager celles qui avaient le désir de s'émanciper par leurs propres forces : c'est la coopération. Je suis, pour ma part, de ceux qui lui croient beaucoup d'avenir. La société future me paraît devoir être une vaste coopérative, qui harmonisera production et consommation, en calculant chaque année ce qui lui sera nécessaire pour satisfaire ses besoins. Elle aura pour devise : Un pour tous. Tous pour chacun. Chacun y travaillera pour soi et pour les autres.

Mais, en attendant cet état social, dont nous ne voyons aujourd'hui que les premiers linéaments, comment les sociétés coopératives de production, les seules dont il soit question pour le sujet qui nous occupe, pourront-elles aider les travailleuses à domicile à sortir de leur situation difficile? A plusieurs reprises, en Angleterre vers 1833 et 1870, en France aux environs des années 1848 et 1867, ailleurs encore, s'est produite une floraison éclatante et éphémère de ces coopératives féminines, où les travailleuses associées, se partageant la besogne, les fonctions directrices et les bénéfices, visaient à la suppression du patronat et du prélèvement patronal.

Toutefois, remarquons-le tout de suite, du moment que les ouvrières mettent en commun leurs capitaux, leur travail et les produits de leur travail, du moment qu'elles fondent des ateliers collectifs, elles cessent d'être des travailleuses à domicile. En réalité, le régime de la fabrique dispersée n'est pas amélioré; il est supprimé. Mais que ces coopératives dégénèrent en sociétés de petites patronnes, ayant sous leurs ordres des salariées, ou qu'elles soient de type égalitaire et répartissent les bénéfices au prorata du temps employé par chacune des associées, elles ont peine à vivre, parce qu'elles manquent d'un fonds de roulement, d'un outillage coûteux, de débouchés commerciaux, et aussi parce qu'elles sont formées d'un personnel variable qui présente une grande inégalité d'aptitudes, de sérieux, d'assiduité et, en revanche, se montre trop souvent jaloux des élues chargées des fonctions permanentes. De là bien des chances d'insuccès.

En 1848, les coopératives féminines n'eurent qu'une part très modique aux millions votés par le Comité du Travail pour encourager cet effort. Une association de lingères reçut 10.000 francs. Une autre, dirigée par Désirée Gay, obtint la promesse d'avoir 8.000 francs qui ne furent jamais versés. On comptait en 1850 une dizaine de ces sociétés, en général fort petites. Après quoi, elles moururent sans bruit de leur belle mort.

On retrouverait, aujourd'hui, quelques-unes de ces honorables entreprises, dans de petits métiers qui ne demandent point d'outillage compliqué ni de gros capitaux. Ainsi, à Paris, un atelier collectif de fleuristes s'est fondé 33, rue des Petits-Champs, avec 1.000 francs de capital, et il vit, petitement et bravement, des sacrifices de celles qui l'ont créé. En 1892, il s'est fondé aussi, à Paris, une coopérative des ouvrières de sacs en papier, qui chemine cahin-caha, avec des heurts et des cahots qui menacent son existence, mais dont elle a triomphé jusqu'à présent.

Il se peut donc qu'un petit nombre de travailleuses à domicile se soient évadées de leur piètre

existence et aient rencontré des conditions supérieu-
res, surtout dans les coopératives de production qui
dépendent des coopératives de consommation et qui
se sont révélées comme étant les plus viables. Mais,
en somme, il est permis de conclure que le gros de
leur contingent n'a pas tiré grand avantage de ces
deux formes de l'action personnelle des ouvrières : le
le syndicat et la coopération.

Au reste, j'emprunte au rapport de M. Aimé
Berthod, député du Jura, les conclusions suivantes
formulées en 1913 :

Voici d'abord pour la coopération :

« *Les résultats obtenus sont maigres. Il faut
citer l'œuvre des* Artisanes parisiennes, *fondée par
Mlle Blondelu, le 9 mai 1909, avec l'idée de mettre directement en rapport avec la clientèle les
ouvrières de divers métiers féminins, et surtout le*
Syndicat des ouvrières de l'aiguille, *dont la présidente, Mme Derouet, expliqua le fonctionnement
devant la commission permanente du Conseil Supérieur du Travail..* » C'est tout, si l'on fait abstrac-
tion des œuvres qui se passent d'un secours extérieur.

(1) Annexe au procès-verbal de la Séance du 20 janvier 1913,
pp. 19-21.

Voici maintenant pour le syndicat :

« On peut citer le Syndicat des ouvrières de l'aiguille à domicile, fondé le 17 janvier 1909, 38, rue de Vercingétorix, sous des influences catholiques; le Syndicat des ouvrières à domicile, de l'impasse Gombault, à Paris, et c'est à peu près tout; au total, quelque deux cents ouvrières à domicile syndiquées dans la grande ville où elles sont 200.000; et encore sont-ce des ouvrières d'élite et fortement secondées par des appuis désintéressés. Quelques groupes insignifiants en province. »

Donc, il est avéré que les ouvrières à domicile n'étaient pas assez fortes pour conquérir, à elles seules, leur émancipation économique. Déjà en 1849, Jeanne Deroin lançait un *Appel aux femmes des classes privilégiées;* elle leur disait qu'il ne suffisait plus de fonctionner comme dames de charité, d'organiser des concerts, des bals, des quêtes; qu'il faut donner du travail aux ouvrières (1), et, à son instigation, naissait l'*Œuvre des dames fraternelles,* qui avait pour but de patronner les associations féminines. En 1908, Mme Marguerite Behm, qui avait créé à Berlin un Syndicat des travailleuses à domicile, acceptait en outre l'aide d'une société chari-

____

(1) *Le Féminisme à l'époque de 1848,* par Jules Tixerant, p. 181.

table chrétienne, la *Frauenhilfe* (2). Ainsi, celles mêmes qui avaient pratiqué l'initiative individuelle reconnaissaient la nécessité d'une assistance étrangère et cela nous amène à examiner ce nouvel aspect du sujet.

(2) Congrès de Genève. p. 412.

CHAPITRE XII

B. — ŒUVRES PATRONALES
ET PHILANTHROPIQUES

Les amis de l'ouvrière, qui ont été nombreux au XIX° siècle, se sont donné une double tâche : réveiller, secouer, tirer de leur torpeur des femmes qui ne savaient pas se défendre; convaincre l'opinion publique qu'il y avait là un acte de justice à réaliser.

Parmi les personnes qui ont collaboré à cette campagne en faveur du prolétariat féminin, il faut citer certains patrons, puis des femmes de la classe aisée, puis quantité d'écrivains venus des quatre points cardinaux du monde intellectuel.

Je commence par ces derniers, parce qu'ils ont été, sinon les créateurs, du moins les moteurs qui ont déterminé la création des œuvres philanthropiques ou patronales que nous allons rencontrer sur notre chemin.

Ce sont, en France, sous Louis-Philippe et Napoélon III, des poètes comme Victor Hugo dans sa grande épopée des *Misérables*; des historiens au cœur débordant de l'amour du peuple comme Michelet, des romanciers comme George Sand, la bonne dame de Nohant; des écrivains comme Legouvé, Auguste Barbier, indignés des spectacles hideux qu'ils ont vus dans les cités industrielles; avec eux les grands réformateurs comme Saint-Simon, Cabet, Fourier, Pierre Leroux, Louis Blanc; des catholiques comme Villeneuve-Bargemont; des économistes, comme Adolphe Blanqui et Wolowski; des femmes apôtres, comme Flora Tristan, qui, avant Karl Marx, prêche l'union aux travailleurs de tous les métiers et de tous les pays, comme Jeanne Deroin, Pauline Roland; bien d'autres que j'ai déjà cités et, derrière ce bataillon d'avant-garde, des hommes d'Etat inquiets des conséquences qu'engendre le surmenage des ouvrières : dégénérescence de la race et décroissance de la natalité.

Plus tard, de 1870 à nos jours, parmi les hommes qui, par la plume ou la parole, ont défendu la cause du féminisme économique, j'aperçois encore des romanciers qui ont attendri leurs lecteurs et lectrices sur la vie souvent tragique des travailleuses.

C'est Alphonse Daudet, traçant le portrait de la petite Zizi, habilleuse de poupées; c'est Emile Zola, montrant, dans l'*Assommoir*, la femme victime de l'alcoolisme du mari ou, dans *Germinal*, vouée aux rudes travaux de la mine. C'est Gustave Geffroy qui, dans l'*Idylle de Marie Biré*, crayonne la triste destinée d'une pauvre fille élevée par charité dans un orphelinat et devenant, dès qu'elle est jetée dans la lutte pour la vie, la proie du premier qui lui dit de douces paroles. C'est Rosny ainé qui, dans *Marthe Baraquin*, nous détaille les aventures lamentables d'une fille de faubourg parisien. C'est Adolphe Brisson, qui nous conte les joies et les tristesses d'une midinette, *Florise Bonheur*. C'est Paul Brulat, nous disant les souffrances et le salut inespéré de *Rirette*.

Je pourrais multiplier ces noms d'écrivains; j'aime mieux citer des savants, des médecins qui ont réclamé en faveur de la maternité ouvrière, des filles-mères, des malades faites par les usines. Ce fut le cas des Docteurs Pinard, Merlin, Toulouse, Charles Richet, Robin, etc.

Au Parlement, j'entends des voix éloquentes qui plaident pour elles : ce sont des députés appartenant aux partis les plus divers : le radical Bauquier, le catholique Albert de Mun, les socialistes Viviani et Justin Godart, le républicain modéré Marin, le sénateur Louis Martin. Dans le journalisme, Léopold Lacour, Stéphane Pol, Georges Lecomte prêtent à la cause, avec des femmes comme Séverine, Marguerite Durand et Marie-Louise Néron, un appui qui n'est pas à dédaigner.

Il faudrait faire ici une place d'honneur au Conseil National des femmes, que Mme Siegfried et, après elle, Mme Avril de Sainte-Croix ont mené avec une prudente fermeté; aux journaux et revues comme le *Droit des femmes*, fondé par Léon Richer et dirigé par Maria Vérone; à la *Fronde*, à la *Française*, à maints groupements comme l'*Egalité*; à des isolées comme Simone Bodève avec son livre : *Celles qui travaillent;* comme Marguerite Audoux, la couturière-auteur; et surtout aux oratrices qui, dans les réunions publiques et les organisations syndicales ont porté leur ardente parole, envolée et dissipée comme une fumée légère; je nommerai seulement Paule Mink, Maria Deraismes, Hubertine Auclerc, Marie Bonnevial, et je m'arrête, non pas faute de noms à joindre à cette liste écourtée, mais parce que nous retrouverons sur notre route bon nombre de ces militantes, en parcourant les œuvres dont elles ont été ou sont encore les directrices ou les inspiratrices.

J'ai rassemblé en un faisceau les principales forces morales et sociales qui ont poussé au relèvement de l'ouvrière. Mais, parmi les œuvres nées de ce mouvement, nous n'avons à considérer que celles qui concernent les ouvrières à domicile.

Il sied de parler d'abord des œuvres patronales. Elles ont figuré avec quelque peu d'ostentation dans toutes les Expositions universelles. Elles datent pour la plupart de la deuxième moitié du XIXe siècle : car, auparavant, dans la première fièvre de l'expansion industrielle, les patrons, sauf de très rares exceptions, ne se préoccupaient guère de veiller au bien-être de leurs ouvrières.

Nous sommes si bien accoutumés à voir en querelle quasi permanente salariés et salariants qu'il nous semble étrange que des patrons aient spontanément songé à rendre plus supportable la condition de ces travailleuses. Cependant il en fut ainsi dans quelques endroits privilégiés. Jean Dollfus, de Mulhouse, disait déjà, vers 1830 : « Le fabricant doit à ses ouvriers autre chose que le salaire. »

Seulement, s'il s'est rencontré parmi les manufacturiers des hommes accessibles à la pitié et troublés d'un vague remords quand ils comparaient leur opulence à la misère de leurs humbles collaboratrices, ce n'est pas envers les ouvrières à domicile que s'est exercée leur bienveillance. C'était envers le personnel travaillant à la fabrique, sous les yeux du maître, qu'elle s'est manifestée. C'était pour se l'attacher, pour obtenir la stabilité dans le travail, autant et plus que par sentiment de justice ou par devoir religieux, que le patron bâtissait des cités ouvrières et faisait miroiter des avantages aux yeux de ceux et de celles qui seraient restés une trentaine d'années à son service.

Exceptionnellement ces œuvres patronales ont visé les parias de la fabrique dispersée. Mais elles ont été viciées par des prétentions autoritaires. Tantôt, en vertu d'une sorte de droit divin, les patrons ont, en dépit de la loi, brimé, renvoyé les ouvrières qui laissaient voir des velléités de se syndiquer. Nous avons vu à Saint-Omer se pratiquer cette façon de se prémunir contre toute action collective. Tantôt, formant des syndicats mixtes, où employeurs et employés étaient réunis, ils ont bien voulu créer des institutions de prévoyance, d'assistance paternelle et de savoir professionnel au profit des ouvrières; ils n'y ont mis qu'une ou deux conditions : la mainmise sur la conscience de leurs protégées qui doivent penser comme eux sur le grand problème de l'au-delà, et l'exclusion des filles-mères, c'est-à-dire la poussée au ruisseau de celles qui auraient le plus grand besoin qu'on leur tendît la main, et la condamnation sans pitié des pauvres petits innocents qui n'ont pourtant rien à se reprocher.

Dans le Nord, les fabriques placées sous l'invocation de Notre-Dame de l'Usine ont pratiqué cette intolérance très catholique et peu chrétienne. A Saint-Omer, l'article V du syndicat mixte des patronnes et ouvrières lingères est ainsi conçu, en termes anodins : « La fête patronale du Syndicat est fixée chaque année par le Comité. » Mais il faut y ajouter cette explication : le Syndicat fait célébrer ce jour-là une messe solennelle dans l'une des paroisses de la ville. Toutes les syndiquées sont tenues d'y assister.

On comprend que les œuvres patronales, malgré les éloges dont elles ont été comblées dans toutes les Expositions universelles, aient été en décroissance rapide et continue, comme le constatait M. Charles Gide dans son *Rapport sur l'économie sociale, en* 1900.

A côté d'elles il faut en placer d'autres, presque

purement philanthropiques et désintéressées; organisées par des hommes ou des femmes appartenant à la classe aisée, mais qui s'occupent des travailleurs sans leur être unis par le lien d'employeurs à employés.

Ces bonnes volontés se recrutent parmi les personnes qui ont eu l'occasion de voir de près les efforts désespérés de certaines familles pour arriver à ne pas mourir de faim. L'indifférence aux maux d'autrui est très souvent fille de l'ignorance. Mais quand on a touché du doigt le fond de la misère humaine, il faut avoir un cœur de pierre pour échapper à l'invasion de la pitié.

Parmi ceux qui se penchent avec sympathie sur la vie des humbles, il se trouve des gens de toute provenance. Ce sont des croyants (catholiques, protestants, israélites) attachés à ce qu'il y a de meilleur dans leur religion, j'entends à son côté charitable. Ce sont ensuite des gens du monde, des riches qui cherchent un honorable emploi de leur superflu; les uns fidèles à la vieille tradition d'après laquelle les classes autrefois dirigeantes ont des droits et des devoirs à l'égard des classes inférieures, et, par suite, conservent dans leur assistance une attitude protectrice et distante; les autres qui, par une conception plus moderne et plus haute, se regardent comme des parents plus fortunés apportant une aide fraternelle à des parents demeurés pauvres et qui travaillent, non pas seulement à les secourir par l'aumône, mais à les relever et à les développer de toutes façons possibles. Ces derniers s'inspirent de l'esprit qui, en 1848, fit donner le nom de *fraternités* à des sociétés dont les membres s'engageaient à aller eux-mêmes chez les pauvres et à être pour eux une famille.

Parmi les groupements qui ont un caractère confessionnel, figurent en premier lieu les œuvres catholiques. Ce sont pour la plupart des patronages pour les jeunes filles, des œuvres d'assistance pour les malades et les vieillards, des crêches et des orphelinats pour enfants. En 1889, on comptait ainsi 62 maisons de retraites, asiles et hospices, 29 établissements pour les sourds-muets, 19 pour les aveugles, 19 pour les aliénés et idiots. Des sociétés ayant un but à la fois charitable et religieux, et même politique, comme *Pro Gallia*, étaient dirigées par de grandes dames, entretenaient des écoles professionnelles et des ouvroirs, et avaient à leur disposition une armée de sœurs qui se consacraient à soigner les indigents. Quelques-unes s'occupaient de placement, s'efforçaient de donner du travail aux ouvrières; d'autres recevaeint les jeunes filles sortant des maisons de correction et tâchaient de les ramener dans la voie droite.

J'ai déjà dit la concurrence terrible que les maisons religieuses, ayant des travailleuses au rabais et une clientèle pieuse, ont faite aux ouvrières à domicile. Elles ont heureusement trouvé des amis plus soucieux de leur être utiles. Ce fut dans les rangs de ce qu'on a nommé le catholicisme social. Le comte Albert de Mun, suivant les suggestions du pape Léon XIII, travailla au mieux-être des classes populaires et, après lui, Raoul Jay, professeur à la Faculté de Droit, les abbés Lemire et Mény, MM. Ch. Goyau, gendre du Président Félix Faure, Lorin, Boisard poussèrent dans le même sens. Un groupe surtout se distingua par sa hardiesse, le *Sillon*, dont Marc Sangnier fut l'animateur. Mais il inquiéta les successeurs de Léon XIII, parce que son action se rapprochait trop des programmes socialistes. Il fut arrêté net dans son développement, condamné par l'Eglise et attaqué par les royalistes qui ne lui pardonnaient pas d'être républicain.

son action se rapprochait trop des programmes socialistes. Il fut arrêté net dans son développement, condamné par l'Eglise et attaqué par les royalistes qui ne lui pardonnaient pas d'être républicain.

A côté de ces œuvres catholiques, il faut placer les œuvres protestantes, qui ont à peu près le même caractère charitable, avec cette différence qu'elles sont, en général, d'esprit plus libéral et plus démocratique. Tempérance et relèvement moral rentrent dans leurs principales aspirations. Mme de Pourtalès, les pasteurs Comte, Wilfrid Monod, Roberty, Wagner furent de ceux qui ont le plus payé de leur personne. Il existe une *Mission évangélique* qui s'adresse aux femmes de la classe ouvrière et l'*Armée du Salut*, avec ses procédés bruyants et voyants, avec son accompagnement de tambour et de grosse caisse, n'en a pas moins montré aux travailleuses un dévouement qui s'est traduit par l'érection du Palais de la femme pour les abandonnées réduites à errer dans le désert de la grand'ville.

Les œuvres israélites sont tout aussi nombreuses et rayonnent, comme les précédentes, sur toute la province française. Ecoles de garde-malades pour soigner les femmes en couches, cours d'apprentissage, sociétés de secours mutuels représentent leur action. Les noms du grand rabbin Zadoc-Kahn, de Mmes Halphen-Salvador, Heilbronner, Alcan, Cruppi, à défaut d'autres, ne doivent pas être passés sous silence.

Les sociétés laïques, dégagées de tout caractère

confessionnel, c'est-à-dire admettant et secourant des personnes de toute opinion philosophique ou religieuse, ne le cèdent pas en nombre et en importance à celles qui gravitent autour de l'église, du temple ou de la synagogue. Elles ont même parfois une portée plus haute. Beaucoup d'entre elles ne se bornent pas à la charité; elles visent la justice. Elles ne songent plus seulement à soulager la misère, elles travaillent à l'abolir; elles réclament et, suivant leur force, obtiennent de temps en temps des réformes dans les conditions faites aux ouvrières.

Je laisse de côté les associations qui ont défendu le droit des femmes dans le domaine civil et dans le domaine politique. Je m'attache seulement à celles qui ont pensé aux travailleuses à domicile, si fréquemment oubliées ou négligées. Tantôt elles patronnent et subventionnent soit un syndicat, soit une coopérative qui essaient de prendre corps. Ainsi, à Paris, 8, rue Monte-Cristo, se fondait, en 1907, une *Association féminine pour la confection*. Les fonds avaient été fournis par des dames riches. Les fondatrices étaient en rapport avec les grands magasins de nouveautés et se chargeaient d'en obtenir des commandes. Elles avaient loué un local où l'ouvrage était distribué et rapporté quand il était achevé. Elles remettaient aux ouvrières le prix, intégral payé par les grands magasins, déduction faite de 5 à 10 % pour couvrir les frais généraux. C'était la suppression des intermédiaires ou entrepreneurs qui gardent aux doigts une partie notable de l'argent passant par leurs mains. Mais cette suppression utile n'a point suffi à relever sensiblement le salaire des confectionneuses (2).

Une autre œuvre du même genre est l'*Entr'aide*, qui fut créée en 1908 à Paris et a son siège social boulevard Emile-Zola, 112. Elle fait travailler directement des ouvrières et elle se charge d'écouler ce qu'elles ont produit. Elle les paie un peu au-dessus du tarif courant et cependant vend au même prix que les grands magasins. Spécialisée dans certains articles, elle s'abstient des articles-réclames qui doivent attirer par le bon marché. Elle a résolu le problème en supprimant le bénéfice patronal. Les bénéfices sont employés à augmenter l'entreprise et le salaire des ouvrières. Seulement il ne faut pas oublier que les fonds sont fournis par de riches et généreuses bienfaitrices, dont Mme Duchêne est la plus connue, et par des souscriptions de sociétaires qui paient 50 francs par an. C'est en somme une sorte d'œuvre d'assistance par le travail.

---

(1) Voir dans la revue *Idées Modernes* de mai 1909, un article de Mme Compain à ce sujet.

On peut en rapprocher l'organisation commerciale du *Sillon*. Elle reçoit à Paris, rue Mouffetard, les commandes qui se rapportent à la bonneterie, à la lingerie, aux vêtements tout faits. Elle les fait exécuter par des ouvrières groupées en coopératives et qui habitent Paris, Versailles, Lieusaint (Seine-et-Marne). Là aussi l'on a renoncé à l'article-réclame et l'on paie aux ouvrières un salaire supérieur à ce qu'elles toucheraient ailleurs. Mais c'est encore un patronage. Le *Sillon* se contente de couvrir ses frais, s'il le peut; il ne cherche pas à faire de bénéfices. Ce qui, d'ordinaire, reste dans la bourse du marchand ou de l'entrepreneuse, passe dans celle des ouvrières. Mais toutes ces œuvres sont dominées par les grands magasins; elles sont obligées de vendre au même prix qu'eux qui paient mal leurs ouvrières; elles se débattent donc contre une concurrence dont il leur est impossible de triompher (1).

Arrivons à ce qui s'est fait de plus intéressant et de plus efficace en ce domaine. Il s'agit des *Ligues sociales d'acheteurs et d'acheteuses*. Elles ont une double origine; l'idée, qui fut émise en Angleterre, fut réalisée aux Etats-Unis, à New-

(1) Voir la plainte que fait entendre à ce sujet l'*Entr'aide Féminine* de Marseille. (Compte rendu de 1917.)

York, en 1890. Rien de plus ordinaire aujourd'hui que cette collaboration de nations diverses à la naissance d'une institution nouvelle. Elle est en train, depuis lors, de faire son tour du monde. En France, ce fut Mme Jean Brunhes qui en prit l'initiative (1902). En 1908, une Conférence internationale réunissait ses adeptes à Genève.

En quoi consiste l'idée? A utiliser la puissance de la consommation pour influer sur la production; à organiser les acheteurs pour forcer les fabricants et marchands à remplir certaines conditions. Ces conditions sont doubles : la première est d'exiger la bonne qualité *matérielle* des objets mis en vente, d'obtenir une marchandise sérieuse et solide, de proscrire la camelote, de ne pas viser au bon marché inouï, dangereux aussi bien pour les producteurs, réduits à des salaires de famine qui permettent un prix de vente ridicule, que pour les consommateurs qui se laissent tenter par un appât grossier et achètent pour peu d'argent des choses valant encore moins. L'autre condition à imposer est la bonne qualité *sociale* de la marchandise : cela veut dire que le produit doit avoir été fabriqué de façon à rémunérer décemment le véritable producteur, ouvrier ou bien ouvrière, qui doit pouvoir vivre de son travail sans surmenage et sans aumône.

Les moyens d'action employés pour aboutir à ce double but sont de divers genres.

Il faut d'abord faire l'éducation des acheteurs et acheteuses, par exemple apprendre aux belles élégantes à ne pas réclamer sans délai l'exécution de leurs commandes, à ne pas créer ainsi des périodes de presse où les clientes veulent être toutes servies à la fois; car ces moments de travail fiévreux, qui se renouvellent à chaque changement de saison, nuisent étrangement à la santé des ouvrières.

Il faut ensuite persuader aux gens riches qu'ils peuvent et, par conséquent, qu'ils doivent exercer sur les marchands une pression salutaire en faveur des travailleuses qui dépendent d'eux.

Il faut persuader en même temps aux possesseurs de petites bourses qu'ils sont dupes d'une illusion, bien plus! leurs propres bourreaux, quand ils achètent à trop bon compte une chose qui a de l'apparence, mais souvent rien que de l'apparence. Car alors, sans le vouloir, ils encouragent les bas salaires dont ils sont victimes.

Toutefois, ce n'est pas assez de faire l'éducation de la clientèle : il faut encore et surtout se souvenir que l'association est une force et vouloir s'en servir. Les Ligues ont donc décidé qu'elles ne donneraient leur pratique qu'aux magasins qui accepteraient de faire travailler dans les conditions humaines réclamées par elles.

Etait-ce tout? Non, les Ligues ont fait en outre appel à l'opinion publique. Elles se sont aidées des *listes blanches* usitées dans la Grande-Bretagne; et du *label* inventé aux Etats-Unis par les syndicats ouvriers.

La *liste blanche* contient le nom des maisons qui acceptent les principes posés par les Ligues et, comme elle est répandue dans le public par leurs soins, elle est en faveur de ces maisons une réclame gratuite et puissante.

Le *label* est une marque distinctive imprimée sur les produits et constatant qu'ils ont été fabriqués dans de bonnes conditions de salaire, d'hygiène et d'humanité. Les membres de la Ligue, en l'exigeant, collaborent avec les syndicats à maintenir et à relever le niveau de la vie ouvrière.

Ce n'était pas encore assez. Les Ligues ont inauguré d'autres façons de frapper l'opinion publique; elles se sont efforcées de parler aux yeux. L'Armée du Salut à Londres exposa des fac-similé des plus hideux taudis de White-Chapel, et elle afficha les salaires payés aux travailleuses à domicile. Des expositions semblables, expositions ambulantes, portatives, répétèrent dans une quantité de villes, européennes ces tableaux de misère. Congrès, conférences, enquêtes achevèrent de jeter un jour cru sur l'exploitation honteuse de la masse féminine, la plus désarmée (1).

Les résultats acquis n'ont pas été à dédaigner. Les Ligues ont fonctionné comme Comités de conciliation entre employeurs et employés; elles ont fait une campagne vigoureuse qui a valu aux vendeuses, la permission de s'asseoir au cours de leur journée; mais le fort de leur action s'est porté sur le *Sweating System*. Elles ont eu le mérite de déclencher un gros mouvement de sympathie en faveur de malheureuses qu'elles ne pouvaient sauver directement, mais dont elles avaient mis à nu les plaies saignantes.

L'initiative privée a quelques autres succès à son actif. On peut la suivre parmi les dentellières.

Il est bon de remarquer que ces travailleuses participent en une certaine mesure à la faveur que rencontre leur métier auprès de l'aristocratie payante. La dentelle est-elle un art ou une industrie? L'un et l'autre à la fois, semble-t-il. Elle se rattache à l'art par le but qu'elle poursuit; elle vise, en effet, non pas l'utile, mais le beau; elle est paru-

____

(1) Voir l'abbé Mény : *Le Travail à bon marché* (Paris, 1908).

re, objet de luxe. Elle s'y rattache encore par ce fait que la matière première y est fort peu de chose, que seul le travail lui confère une valeur considérable; cinq grancs de fil suffisent pour telle pièce qui, achevée, en vaudra 1.000 et davantage. Elle s'y rattache enfin par ceci que chaque pièce, faite à la main, reflète la fantaisie, la nervosité de l'ouvrière, prend de la sorte un caractère individuel et original qui est proprement artistique. Mais, d'autre part, la dentelle tient aussi à l'industrie, parce qu'elle incorpore en un petit espace beaucoup de travail manuel et que ce sont en même temps la quantité et la qualité de ce travail qui en déterminent le prix; puis, parce que sa fabrication exige d'assez gros capitaux et une main-d'œuvre abondante, qui est répartie, tantôt en ateliers, tantôt, le plus souvent, en fabrique dispersée; enfin parce que la vente en est organisée avec tous les procédés, toute la publicité, tous les étalages du grand commerce moderne.

Quoi qu'il en soit, le goût passionné des dames pour ces tissus légers, vaporeux, presque impalpables, qui ressemblent à ces fleurs de givre que l'hiver dessine sur les vitres des fenêtres ou encore à des toiles d'araignée sur lesquelles des fées auraient tracé avec la rosée des arabesques capricieuses, a reporté sur les ouvrières une partie de la sympathie admirative que leur œuvre inspire. Il n'est donc pas étonnant que des femmes du monde aient étendu leur protection sur les modestes créatrices de ces merveilles qui enchantent leurs clientes (1).

En même temps qu'un grand fabricant, M. Lefébure, faisait, en Normandie surtout, reparaître une source de richesse qui paraissait tarie, des écoles, encouragées ou créées par des subventions particulières, s'ouvraient dans la Corrèze, à Lyon, à Saint-Quentin, à Calais, à Nancy, à Paris, et, afin d'assurer des débouchés à la production, l'*Œuvre de la Dentelle de France* organisait des expositions, des concours, distribuait des prix aux plus habiles travailleuses. *Le Comité des Dames de l'Union Centrale des Arts décoratifs* obtenait qu'au Salon annuel une vitrine fût réservée aux nombreux points qui sont tour à tour à la mode.

On ne songeait pas seulement à instruire les ouvrières; des associations bénévoles entendaient améliorer leur sort. Le *Travail au foyer dans les Campagnes de France* voulait apprendre aux paysannes du Velay et des Vosges à s'unir pour se défendre. *L'Aiguille à la campagne*, qui se chargeait d'obtenir des commandes auprès des indus-

(1) Voir à ce sujet le livre de Mme Mathilde Paraf : *La Broderie et la Dentelle* (G. Doin, éditeur, Paris, 1927).

triels, étendait sa sollicitude au tressage de la paille et au travail de la plume. Dans la Haute-Saône, Mlle de Marnier fondait l'*Association des ouvrières en dentelles, métiers similaires et professions connexes*; elle espérait créer des institutions d'assistance, de prévoyance, donner une prime, c'est-à-dire une petite dot, aux jeunes filles lors de leur mariage. A Alençon se formait *La Ruche*, au Puy *La Prévoyance*, dans la Lozère *La Dentelle au Foyer;* et, après la guerre, qui avait entraîné les femmes vers des besognes plus masculines, *Le Retour au foyer* essayait de les ramener à des occupations qui convenaient mieux à leurs habitudes. Mais il faut croire que la difficulté de dresser ces isolées à une action d'ensemble est bien difficile à surmonter. Mlle de Marnier ne réussit pas à obtenir d'elle des cotisations régulières pour une Société de secours mutuels, et presque partout les meilleures volontés se heurtèrent à une apathie telle qu'au dire des observateurs le métier a peine à rassembler aujourd'hui des recrues suffisantes, détournées qu'elles sont par les salaires plus hauts qui leur sont dévolus à l'usine ou à la ferme.

L'initiative privée, malgré quelques victoires locales, se révélait impuissante, même en ce métier favorisé par la classe riche, à fournir aux travailleuses un gain régulier et proportionnel à la valeur de leurs produits. Pourtant, comme nous le verrons, l'Etat et les villes étaient intervenus pour le protéger. A plus forte raison, là où il s'agissait de produits destinés à la classe pauvre ou moyenne, les ouvrières à domicile ne pouvaient compter sur les œuvres philanthropiques pour une sérieuse amélioration de leur sort.

Il est juste de reconnaître les excellentes intentions et même les quelques effets heureux de ces activités bienfaisantes : quiconque travaille à diminuer la somme de souffrances humaines mérite d'être loué pour cet effort. Mais, il est impossible de ne pas constater que les résultats obtenus restaient partiels, incomplets et précaires; qu'ils n'atteignaient guère qu'un petit nombre de privilégiées dans le personnel féminin de la grande industrie; qu'ils aboutissaient le plus souvent à d'insignifiantes réformettes. C'est pourquoi l'idée a germé spontanément d'ajouter à cette assistance privée l'intervention des grandes associations territoriales dans lesquelles se meuvent toutes les autres; je veux parler de l'Etat, du département, de la commune, qui ont à la fois plus de puissance, plus de ressources, plus de stabilité et dont les actes ont par suite une portée plus étendue.

Aussi bien est-ce la marche normale qu'a suivie en tout pays l'association. On est allé de l'association privée au service public; preuve en soit ce qui s'est passé pour l'artillerie, les postes, les messageries, pour les entreprises qui se chargent de fournir l'eau, le gaz, l'électricité. La charité privée n'est-elle pas doublée de l'assistance publique aux déshérités?

Du reste les associations philanthropiques ont été très souvent les premières à réclamer le concours du pouvoir central ou des autorités locales. Lors de la Conférence internationale des Ligues d'acheteurs, tenue à Genève en 1908, Mme Marguerite Behm, qui avait organisé à Berlin un syndicat d'ouvrières du vêtement, disait en parlant de leurs salaires dérisoires : « *Ce n'est que par l'intervention légale que pourrait être guérie cette plaie du travail à domicile.* »

Nous sommes donc amenés de la sorte à étudier l'action administrative et législative dans le domaine que nous explorons.

CHAPITRE XIII

L'action du pouvoir central et des autorités locales en matière économique n'est pas une invention
moderne. Elle a toujours existé. Le droit de taxer
le pain, la viande, d'établir des tarifs d'octroi a été
reconnu de tout temps aux représentants des villes;
le droit de frapper d'un impôt la circulation de telle
ou telle denrée, de dresser aux frontières des bar-
rières douanières est une tradition que tous les Etats
ont mise en pratique. Toutefois que cette intervention pût légitimement s'étendre au marché du travail, viser à régler les rapports des patrons et des
ouvriers, la chose n'allait pas sans encombre; bien
que le passé en fournît nombre d'exemples, elle sus-
cita au XIX⁰ siècle une opposition violente; elle fut
l'objet d'une lutte qui a fait couler beaucoup d'en-

ere et de paroles et qui dure encore : témoin cette
réponse du syndicat patronal de la cartonnerie à une
enquête du Conseil Supérieur du Travail (1925) :
« Toute intervention tendant à porter atteinte au
respect de la liberté individuelle est sans conteste à
condamner. »

Puisqu'il y avait en présence deux opinions op-
posées et que le changement de coutumes et des
lois ne pouvait que suivre un changement des esprits, il est nécessaire de placer en regard les adver-
saires et les arguments allégués de part et d'autre.
La France est peut-être le pays où les formules
scientifiques ont le plus d'empire sur les décisions
politiques.

Trois groupes ont défendu l'idée que les pouvoirs
publics ne doivent pas intervenir entre employeurs et
employés.

C'est d'abord l'école orthodoxe des économistes,
qui, pendant plusieurs générations, fut en France la
maîtresse exclusive et ombrageuse de l'enseignement
officiel. Professant la maxime fameuse : Laissez
faire, laissez passer, elle s'est dénommée l'école libérale; elle serait plus exactement appelée l'école
individualiste. Voici en effet son dogme essentiel :
Tout individu a le droit de courir sa chance, de
poursuivre librement son intérêt, à condition de lais-

ser aux autres la même liberté. Chacun chez soi ! Chacun pour soi ! Tel est le dernier mot de la sagesse. Personne, ni l'Etat ni la commune, ne peut, sans attentat à la liberté individuelle, s'interposer entre les intérêts qui s'affrontent. Tout pouvoir doit rester neutre, impassible, simple témoin du combat que se livrent les concurrents. Les faits économiques sont d'ailleurs soumis à des lois naturelles que l'homme doit constater et subir ; car il ne peut pas plus les changer que celles qui régissent le cours des astres ; en conséquence une action autoritaire émanant des pouvoirs publics ne peut être qu'inutile ou perturbatrice.

Les défenseurs de ce système, Bastiat, par exemple, ajoutaient que l'homme, en poursuivant son bien personnel, travaillait du même coup au bien commun ; qu'il existait une sorte d'harmonie préétablie entre l'intérêt général et les intérêts particuliers ; que, par le jeu spontané des égoïsmes rivaux le maximum d'utilité pour la Société et pour tous ses membres se trouvait automatiquement réalisé. La conclusion était que, les choses allant d'elles-mêmes au mieux, il n'y avait qu'à les laisser aller, en se bornant à écarter les obstacles qui pouvaient en gêner la marche.

Donc en matière économique l'Etat n'avait qu'un

rôle négatif. En ce domaine était de règle le nihilisme gouvernemental. Les théoriciens les plus logiques, Molinari par exemple, allaient jusqu'à soutenir que travaux publics, postes, messageries, police, armée même devaient être abandonnés ou rendus à l'initiative privée. A plus forte raison ne pouvait-il être question de protéger une partie de la population. En 1886, le Sénat français déclarait que les femmes adultes pouvaient et devaient se passer de toute protection.

Le deuxième groupe, qui défendait la même doctrine, était le groupe anarchiste. En vertu de théories esquissées par des précurseurs parmi lesquels on rencontre Charles Nodier et Alfred de Vigny (1), professées plus tard par Proudhon, en 1848, par Elisée Reclus en 1870, l'idéal est que chaque individu, pleinement libre et pleinement respectueux de la liberté d'autrui, sans contrainte, sans loi coercitive, sans aucune autorité extérieure, sans autres maîtres que sa raison et sa conscience, se développe intégralement selon ses goûts et ses aptitudes; qu'il accomplisse ainsi de lui-même les besognes nécessaires à la vie individuelle et collective, et pourvoie à ses besoins par la prise au tas des produits. C'est

(1) Voir la *Revue Politique et Parlementaire*, 10 mai 1902, p. 341.

la négation de tout pouvoir social, la suppression des gouvernants et des gouvernés, la proclamation d'une complète indépendance personnelle.

Cette doctrine, légèrement atténuée, a pénétré dans certains syndicats ouvriers qui, exprimant leur dédain pour toute réforme obtenue par voie législative, ont préconisé l'action directe, la descente dans la rue, la révolution par la violence comme les seuls moyens capables de produire une amélioration sérieuse dans la condition des masses ouvrières.

Un troisième groupe s'est opposé, pour des motifs différents, à l'intervention protectrice en faveur des femmes. Ce sont des Sociétés féminines et féministes. Dans un sursaut de fierté blessée, elles ont protesté contre cette habitude de traiter les femmes en mineures perpétuelles. Elles ont décliné la faveur de lois d'exception qui, sous prétexte de leur venir en aide, tournaient souvent contre elles. Ainsi, en 1900, le *Congrès du Droit des femmes*, tenu à Paris, repoussait toute législation spéciale aux ouvrières, et plus tard, l'*Association internationale pour la protection légale des travailleurs* ayant fait voter une résolution interdisant aux femmes le travail de nuit, résolution qui devait être ratifiée par les différents gouvernements, des groupements féminins en Suède, alléguant qu'on consacrait une fois de plus leur infériorité, combattirent cette ratification et parvinrent à la retarder de plusieurs mois. Aux Etats-Unis une bonne partie des féministes abondent dans le même sens et leurs opinions ne sont pas sans écho en France dans certains groupes où l'on néglige de consulter les ouvrières intéressées.

Il est à remarquer que les trois groupes opposants appartiennent en majorité à la classe aisée ou à la classe intellectuelle; ils ont naturellement eu l'appui de la plupart des patrons qui, à maintes reprises, ont revendiqué très énergiquement le droit d'être maîtres absolus dans leurs usines comme charbonnier dans sa maison. Ils ont protesté contre toute ingérence étrangère dans leurs rapports avec leur personnel. Ils ont défendu, comme un dogme sacré, l'abstention gouvernementale en ce domaine.

Contre cet ensemble imposant de forces les interventionnistes n'ont manqué ni de défenseurs, ni d'arguments. Ils se sont recrutés parmi des économistes dissidents, comme Léon Walras et Charles Gide, qui, effrayés de ce qu'avait de sec, de tranchant, d'impitoyable l'enseignement de l'Ecole, ont tâché de superposer à l'économie politique, s'occupant uniquement des choses, l'économie sociale ayant le souci des êtres humains; puis, parmi les socialistes, les solidaristes, tous, plus ou moins, ont fait appel à l'autorité, non pas pour supplanter l'initiative individuelle, mais pour la compléter et la suppléer, là où elle est intermittente ou impuissante. Il va de soi que les intéressés, ouvriers et ouvrières, ont soutenu de leurs vœux et de leur sympathie ceux qui travaillaient en leur faveur.

Les promoteurs de ce qui devait devenir le Code du travail ont dit :

N'y a-t-il pas une contradiction criante chez les industriels qui réclament pour leurs produits une protection dont ils ne veulent pas pour leur personnel ? Ils demandent que l'Etat, par des tarifs de douanes, par des primes, par des subventions, par des pressions sur les Compagnies de transport, encourage et aide leur industrie. Pourquoi ne disent-ils pas simplement : « Nous admettons l'intervention ministérielle quand elle est favorable à nos intérêts, nous la condamnons, quand elle est pour nous une gêne ».

Autre argument. Est-ce que la loi a jamais cessé d'intervenir en matière économique ? Est-ce que la transmission de la propriété par vente, donation ou héritage n'est pas partout soumise à des règles précises ? Est-ce que les tarifs de douanes et d'octrois ne sont pas perpétuellement changés par les autorités centrales ou municipales ? Et qu'on ne joue pas sur les mots. Il s'agit là, non de lois naturelles, mais de lois civiles, que des hommes ont faites et que d'autres hommes peuvent défaire. L'abstention de l'Etat en pareil domaine est une pure chimère. Il a contribué à fixer le régime économique qui existe; il peut tout aussi bien le modifier.

Puis n'est-ce pas une autre chimère, cette libre concurrence dont parlent les économistes? Comment l'individu peut-il être considéré comme libre, lorsqu'il est en discussion, je ne dis pas même avec un grand patron, mais avec une de ces puissances gigantesques que sont les Compagnies de chemins de fer, les cartels et les trusts? C'est vraiment une dérision de représenter comme une lutte à armes égales le débat entre le travailleur isolé et les grands féodaux de la Banque et de l'industrie. Qu'on ne nous parle plus de cette harmonie providentielle des intérêts chère à Bastiat : la concurrence illimitée, là où elle est possible, aboutit à la guerre au couteau entre les concurrents, à l'oppression des faibles et des pauvres qui sont le grand nombre par le petit nombre des forts et des riches. Or ce n'est pas seulement un droit, c'est un devoir pour l'Etat, d'empêcher cette oppression.

Il intervient au nom de la liberté. Il défend l'ouvrier ou l'ouvrière qui ne peut vivre qu'en travaillant

et qui doit sous peine de mort trouver immédiatement du travail contre les conditions draconiennes
du capitaliste qui a besoin du travailleur, mais qui
peut attendre.

Il intervient au nom de l'intérêt général, dont il
est le garant; il ne peut rester indifférent à la dégé-
rescence physique ou à la déchéance morale de la
classe laborieuse, victime de surmenage et de sous-
alimentation. Il a la même raison d'intervenir que
lors d'une inondation, d'un ouragan, d'une invasion
qui dévaste une portion du sol national.

Il intervient enfin au nom de l'avenir et du passé,
c'est l'avis du philosophe Fouillée. Au nom de
l'*avenir*, c'est-à-dire des derniers venus, des enfants
qui n'ont pas demandé à naître, et auxquels il convient d'assurer dans la société, de même que la loi
dans la famille assigne aux cadets la même part
qu'aux aînés, les moyens de faire leur vie. — Au
nom du *passé*, c'est-à-dire des souffrances imméri-
tées que les pauvres ont endurées pendant des siècles
et de l'inégalité devant la loi dont ils ont cruelle-
ment pâti. L'Etat a envers les descendants de ces
sacrifiés un devoir de justice réparatrice à remplir,
ou, suivant l'expression de Léon Bourgeois, une
dette sociale à acquitter.

Je viens de condenser en quelques pages un siècle

de controverses. Les interventionnistes, qui se sont trouvés d'accord avec le grand mouvement emportant les sociétés vers la démocratie, ont été victorieux. On discute aujourd'hui plutôt sur la limite que sur la légitimité de l'intervention des pouvoirs publics.

La conséquence est qu'on a voté des lois protectrices d'abord en faveur des plus faibles, les enfants, puis en faveur des femmes. Enfants et femmes ont fait la trouée par laquelle a passé plus tard toute la législation du travail. Les hommes ont bénéficié des avantages acquis à leurs petits et à leurs compagnes.

La Grande-Bretagne, qui avait l'avance au point de vue industriel, fut la première à chercher des remèdes aux maux dont souffrait son personnel ouvrier. La France suivit. Ce fut aux environs de 1848 que se livra chez elle la bataille décisive. En 1847, Wolowski déposait une proposition de loi pour la protection des ouvrières. Puis, le *Gouvernement provisoire* de la République par un décret, qui fut atténué, mais stabilisé par une loi de septembre 1848, limitait la journée de travail des adultes. Depuis lors, malgré des tentatives de régression, la France a continué d'avancer pas à pas dans la même voie, où les autres pays se sont engagés à leur tour et ont marché plus ou moins vite.

CHAPITRE XIV

MESURES INDIRECTES ET DIRECTES DONT
BÉNÉFICIENT LES OUVRIÈRES A DOMICILE.
LA LOI ENGERAND ET LES DENTELLIÈRES.

Cependant, durant près de trois quarts de siècle, presque toutes les mesures votées par le Parlement n'ont concerné que les ouvrières d'usines. La loi s'arrêtait respectueuse au seuil de l'atelier de famille; elle n'osait pas y pénétrer. Elle ne pouvait y proscrire le travail de nuit non plus qu'y limiter la durée de la journée. Elle n'essayait pas d'y introduire la réparation des accidents du travail. Qu'il s'agît de vacances payées, d'assurances, de secours de chômage (1), de repos avant ou après les cou-

-----

(1) En cas de chômage généralisé, des ouvroirs créés par les villes, des fabrications ou des réparations de vêtements commandées par l'Intendance peuvent venir en aide à toutes les ouvrières de l'aiguille, y compris les ouvrières à domicile.

ches, de retraites en cas de vieillesse et d'invalidité, les ouvrières à domicile demeuraient en dehors des lois bienfaisantes qui s'élaboraient autour d'elles.

Est-ce à dire qu'elles n'en ont point profité? Ce serait une erreur de le croire. Elles y ont gagné de deux façons différentes : d'abord de façon indirecte, par contre-coup, par ricochet; puis de façon directe, par des lois qui leur furent spécialement destinées.

Voici des échantillons du premier genre de bénéfices qui leur est échu : elles obtenaient part aux allocations prévues pour la maternité ouvrière; en voyant augmenter les salaires et s'améliorer les conditions de travail de leurs sœurs, elles étaient incitées à sortir de leur torpeur; les cantines scolaires, en nourrissant les enfants à bon marché, allégeaient les charges qui pesaient sur elles; les campagnes menées contre les logis insalubres et les hôtels garnis interlopes appelaient l'attention sur leurs taudis; les essais de retraites ouvrières et les projets d'assurances sociales éveillaient leurs espérances; l'interdiction d'employer des femmes dans toutes les industries où l'on respire des vapeurs délétères et dans tout atelier où se trouvent des machines dont les parties dangereuses ne sont pas couvertes d'organes protecteurs était valable même pour l'atelier de famille; elle donnait lieu à un regard de l'Etat, à un contrôle de l'inspection dans ce qui jusqu'alors était un local hermétiquement fermé. Bref toute mesure, qui avait pour effet d'améliorer la situation de la classe laborieuse avait une répercussion trop faible, hélas! mais réelle, sur la mentalité ou même sur la condition des ouvrières à domicile.

D'autre part, on en venait à se demander pourquoi elles ne bénéficieraient pas, comme les autres, d'une protection les visant particulièrement. L'Etat-patron n'avait rien à faire pour elles; mais l'Etat-consommateur et l'Etat-législateur pouvaient beaucoup.

L'Etat-consommateur (et cela est vrai aussi pour les départements et les communes), dans les contrats qu'il passe avec les entrepreneurs auxquels il confie un travail à exécuter pour son compte, a le droit d'imposer aux adjudicataires l'obligation de payer leur personnel à un certain taux. En Angleterre, dès 1894, un minimum de salaire était établi pour les ouvrières qui confectionnaient les uniformes. En France, en vertu d'un décret daté de 1899, l'entrepreneur était tenu de payer aux ouvriers un salaire égal au salaire courant appliqué dans la ville ou la région; et, comme ce mot de salaire courant était assez vague, le Conseil Supérieur du Travail proposait qu'un agent de l'administration pût assister à la paye des ouvriers. En un mot, l'Etat, comme les Ligues d'acheteurs, exigeait la *bonne qualité sociale* des produits qu'il commandait (1).

Mais l'Etat-législateur pouvait en cette qualité édicter des règles qui avaient plus de portée, qui étaient aussi plus délicates, parce qu'elles touchaient au fonctionnement de l'industrie privée.

Il y en eut beaucoup en France, dans les premières années du XX° siècle. L'Abolition du paiement en nature, l'obligation de payer tous les quinze jours le personnel ouvrier, le salaire déclaré partiellement insaisissable à condition que ce salaire ne dépasse pas 6.000 fr., le privilège de créance accordé en cas de faillite aux travailleurs, le droit donné à la femme mariée de disposer en toute liberté du produit de son travail étaient autant de mesures où se trahissaient des dispositions bienveillantes à l'égard d'une catégorie de la population peu habituée aux sourires de la loi.

Une partie des ouvrières à domicile obtint même que la loi s'occupât d'elles : je veux parler des dentellières. Une campagne pour relever l'industrie de la dentelle fut entamée par MM. Lefébure et En-

____

(1) Voir le Compte rendu de la Conférence de Genève, pages 347 et 355.

gerand, pour la Normandie, par M. Vigouroux pour le Velay, par M. le Dr Soyer pour les Vosges; et elle aboutit, après un rapport de M. Vigouroux à la Chambre des Députés, à ce qu'on a nommé la loi Engerand (16 juin 1903). Cette loi spécifiait que l'enseignement du métier se ferait dans les écoles primaires et dans les écoles normales des départements où était en usage la fabrication de la dentelle; elle prescrivait ensuite la création de cours et d'ateliers de perfectionnement, qui donneraient, en quelque sorte, un enseignement supérieur. Aux fillettes, on ne demandait que deux ou trois demi-heures par semaine, sous la direction d'une institutrice ou d'une ouvrière qualifiée; et dans le certificat d'études primaires on s'assurait que la fabrication de la dentelle comme la couture avait été véritablement apprise. Bien que la somme mise à la disposition des promoteurs de cet apprentissage scolaire fût assez maigre (20.000 francs), soixante-treize écoles, primaires ou normales, avaient mis en œuvre le programme nouveau; le ministère avait même envoyé un film spécial destiné à faire pénétrer par les yeux la connaissance des détails de la fabrication; à Paris, au Puy, des écoles de dessin et de perfectionnement s'étaient donné pour tâche d'être des pépinières d'où sortirait une élite d'ouvrières.

Augmenter la valeur professionnelle des travailleuses à domicile était un acheminement à relever leur situation matérielle. Mais la guerre de 1914 survenait. Allait-elle arrêter le mouvement ? Ce fut plutôt le contraire; elle l'accéléra. Le travail féminin prenait, en l'absence des hommes partis au front, une importance qu'il n'avait jamais eue; l'Intendance, qui en avait un besoin urgent, établissait des barèmes où les salaires étaient subitement relevés. Les travailleuses à domicile allaient obtenir l'institution la plus originale et la plus efficace qui eût été jusqu'alors expérimentée en France : *le minimum légal de salaire.*

CHAPITRE XV

LE MINIMUM LÉGAL DE SALAIRE.
LA LOI DU 10 JUILLET 1915

Il se produit sous nos yeux une curieuse évolution dans la conception même du salaire.

Comme je l'ai dit ailleurs, le travail est considéré longtemps comme une simple marchandise. Son prix dépend uniquement de l'offre et de la demande. Entre l'acheteur et le vendeur s'engage un débat qui est un combat. Le résultat est en rapport avec la force de chaque combattant; le vaincu est celui qui avait au moment donné le plus grand besoin de l'autre, et c'est la plupart du temps le travailleur.

Mais dans cette conception brutale se glissent peu à peu des idées qui l'adoucissent et l'humanisent.

On se dit qu'il est juste et même indispensable

que le travailleur puisse vivre de son salaire. L'école catholique veut qu'il se règle d'après les besoins de l'ouvrier pour sa subsistance; c'est l'idée du salaire vital.

Après quoi l'on s'en vient à penser que vivre signifie autre chose que ne pas mourir de faim, que cela comporte, non seulement du pain, mais un peu de beurre et de viande avec des vêtements et un logis décents, voire même quelques-unes des jouissances matérielles et spirituelles qu'on peut se procurer à bon marché. Un pas nouveau est fait, quand on s'avise que le travailleur a une famille. On parle d'un *sursalaire familial*, permettant de nourrir une femme et des enfants.

Puis une nouvelle idée se fait jour : c'est non seulement que le salaire doit se proportionner au coût de l'existence, mais même aux bénéfices de l'entreprise pour laquelle l'ouvrier travaille. M. Charles Déloncle, Sénateur de la Seine, émet ce principe : « La formule qui consiste à dire que le salaire doit suffire aux besoins de l'ouvrier, n'est pas la formule juste, vraie, équitable. En réalité le salaire doit être fonction de la valeur du travail, et la valeur du travail doit être fonction de ce que celui qui le vend gagne sur la vente de ce travail ou de l'objet fabriqué. » Et cela veut dire que l'ouvrier doit être intéressé, associé à la réussite de l'entreprise.

A laquelle de ces conceptions correspond le minimum de salaire que nous rencontrons ici sur notre chemin ? Ce n'est pas tout à fait à la réalisation du salaire vital. C'est à la conquête du minimum de confort regardé comme indispensable et calculé d'après ce qui est payé au travailleur moyen dans chaque localité et dans chaque branche d'industrie.

L'histoire des étapes que parcourut la législation sur le minimum de salaire a été faite par plusieurs écrivains (1) ; je veux seulement la résumer.

C'est de nos antipodes qu'est venue la première réalisation de ce qui était couramment taxé d'utopie. La mesure fut imaginée en Australie, après une grande grève maritime, en 1890, où les patrons avaient fait venir des travailleurs étrangers en vue de la briser. Il y eut en ce temps-là une profonde dépression des salaires causée par l'afflux d'émigrants chinois, qui, vivant à peu près de rien, travaillaient aussi presque pour rien. Ce véritable péril jaune parut redoutable aux ouvriers organisés des usines,

---

(1) P. Boyaval : *Travail à domicile et sweating-system.* — B. Raynaud : *Vers le Salaire minimum.* — Mme G. Duchêne : *Les Progrès de la Législation sur le minimum de salaire* (Paris, 1918), un volume dont j'ai écrit la préface.

et plus redoutable encore aux travailleurs et travailleuses de la fabrique dispersée. En même temps que les Australiens limitaient le nombre des étrangers autorisés à venir besogner en leur pays, dans la Colonie de Victoria, sur l'initiative des pouvoirs publics, on créa en 1896 des Commissions spéciales, appelées *wages boards*, c'est-à-dire Comités de salaires. Ils étaient composés de patrons et d'ouvriers en nombre égal, élus par tous les membres du corps de métier intéressé. Ces délégués choisissaient un président étranger à la corporation, qui était souvent un juge et qui était chargé ou de concilier les intérêts opposés ou de les départager, s'ils se heurtaient à égalité de voix. La fonction de ces Comités était dans chaque branche de l'industrie visée, et pour chaque genre de travail, de fixer un salaire normal. Mais quelle était la base de ce salaire normal? Ce que paient les bonnes maisons de la région aux ouvriers travaillant dans leurs ateliers. Calcul difficile! On devait tenir compte du coût de l'existence dans la région où le tarif était applicable. On devait laisser aux patrons une marge raisonnables de bénéfices : mais ceux-ci devaient montrer leurs livres, s'ils prétendaient que leurs bénéfices ne leur permettaient pas de payer des prix pareils à leur personnel. Le salaire ainsi déterminé devenait le taux légal minimum; employeurs et employés étaient passibles d'amende, s'ils faisaient travailler ou travaillaient au-dessous du tarif fixé.

Dans sa fixation, le plus souvent le Comité se bornait à consacrer des usages établis, à codifier des salaires courants. Si les patrons trouvaient que le Comité les dépassait, ils s'adressaient à la Cour des appels industriels qui pouvait réformer les décisions prises. La loi votée là-bas en 1904 aboutit à cette définition : Le salaire minimum est ce que gagne à l'usine un ouvrier moyen.

Il y avait là un danger. Le patron pouvait être tenté de renvoyer les ouvriers lents, maladroits, dont le rendement était au-dessous de la moyenne et ceux-ci, pour ne pas être renvoyés, pouvaient aisément consentir à travailler au-dessous du cours légal. En ce cas la loi serait vite devenue lettre morte. On se tira d'embarras par un compromis : il fut admis que les ouvriers qui le demanderaient pourraient travailler au rabais, pourvu que leur nombre ne dépassât point un cinquième du personnel.

Il est facile de deviner que les tarifs appliqués à chaque genre d'industrie étaient fort compliqués : mais c'est là un inconvénient commun à tous les tarifs du travail; il suffit de regarder avec quelle minutie sont dressés ceux qui concernent les travailleurs du coton dans le Lancashire ou la Série de prix de la Ville de Paris pour les corporations du bâtiment.

Un inconvénient plus grave était, à la suite du relèvement des salaires, le renchérissement de certaines marchandises. Mais les *Ligues d'acheteurs*, ennemies des articles à réclames, faisaient remarquer que, si le prix d'une chemise ou d'un tablier était ainsi augmenté de quelques centimes, on pouvait s'y résigner en pensant que des familles ouvrières connaissaient de la sorte un peu plus de bien-être et de sécurité. Du reste, si les ouvriers y trouvaient un avantage, les patrons y gagnaient aussi d'être mis à l'abri d'une concurrence effrénée, qui forçait les mieux intentionnés à baisser le prix du travail au niveau où le faisaient descendre des concurrents sans conscience.

Sans insister davantage, rappelons que le système inauguré dans la colonie de Victoria, légèrement amendé, fit boule de neige et que de 1896 à 1904 il s'étendit à toute l'Australie.

Il ne devait pas tarder à franchir les mers et à pénétrer en Europe. Son point d'atterrissage fut l'Angleterre. Une enquête anglaise constatait que la hausse créée par l'instauration de ce minimum était presque insignifiante et qu'en revanche il était et des travailleuses qu'ils employaient hors de l'atelier; et en rendant publics par l'affichage les salaires qu'ils leur payaient, en infligeant ainsi à ceux qui descendraient à une rémunération trop basse une flétrissure analogue au mauvais renom qui frappe les usuriers; ensuite en instituant un tarif minimum, au-dessous duquel tout salaire serait considéré comme usuraire et puni comme tel.

En 1908, l'*Association internationale pour la protection légale des travailleurs*, dans son Congrès de Lucerne, émettait un vœu unanime invitant les divers gouvernements à mettre à l'étude et à l'essai l'ensemble de mesures appliqué en Australie. En France, devant l'Académie des Sciences morales et politiques, M. Lefébure, le grand négociant en dentelles, déclarait accepter l'idée; il demandait seulement que le salaire minimum fût fixé d'un commun accord par les syndicats patronaux et les syndicats d'ouvriers, sans l'intervention de la loi. Mais il était bientôt obligé de reconnaître que l'accord patronal sur cette question était impossible à réaliser.

Entre temps les événements marchaient. La Grande-Bretagne en 1909, l'Allemagne en 1911 légiféraient à ce sujet; des propositions de loi étaient pendantes en Autriche et en Belgique. Il seul en état d'atteindre le *sweating system* et cela par deux moyens : d'abord en imposant aux fabricants de faire connaître le nombre des travailleurs en était de même en France. Le Conseil Supérieur du Travail s'était prononcé en faveur de la mesure (1910) et à la Chambre Albert de Mun, Viviani, Engerand, Honoré avaient élaboré et déposé des propositions qui attendaient la mise à l'ordre du jour. Mais bien des gens pensaient qu'avant qu'elles fussent votées il passerait encore sous les ponts beaucoup d'eau et d'ouvrières.

Toutefois en 1913 le gouvernement, poussé par l'opinion publique, déposa lui-même un projet de loi qui fut renvoyé à la Commission du Travail. Le rapporteur à la Chambre en fut M. Aimé Berthod, député du Jura, et dans son rapport, très circonstancié et très favorable, le but de la nouvelle loi était ainsi défini (1) : « Il s'agit d'établir, par profession et par région, le minimum au-dessous duquel le salaire quotidien ne peut descendre, sans qu'il y ait évidente exploitation de l'ouvrière. »

La guerre survint avant que le Sénat eût adopté le texte voté par la Chambre; mais elle accéléra les choses au lieu de les entraver, et, sur le rapport

(1) Page 28.

de M. Morel, les sénateurs se rangèrent à l'avis des députés. La loi, datée du 10 juillet 1915, figure dans le Code du Travail (Livre I, titre III, article 33). Elle mérite d'être examinée de près (2).

Quel est, d'abord, son champ d'application? Elle n'est applicable qu'aux ouvrières et non aux ouvriers. Elle ne concerne que celles qui exécutent à domicile des travaux rentrant dans l'industrie du vêtement : chapeaux, chaussures, lingerie en tous genres, broderie, dentelles, plumes, fleurs artificielles. Ainsi une ouvrière faisant de la dentelle pour ameublement ne peut en bénéficier; mais la loi peut, après avis du Conseil supérieur du Travail, être étendue par décret ministériel à d'autres industries non spécifiées dans la liste précédente.

Et voici les dispositions essentielles :

Art. 33 a. — Le patron ou l'intermédiaire doit informer l'inspecteur du travail du fait qu'il fait exécuter à domicile les travaux ci-dessus visés et il doit tenir un registre indiquant le nom et l'adresse de chacune des ouvrières ainsi occupées.

Art. 33 b. — Les prix de façon, pour les arti-

(2) M. Roger Picard l'a analysée et commentée dans un article qui a été publié, en août 1926, par la *Revue Internationale du Travail.*

cles faits en série, doivent être affichés en permanence dans les locaux d'attente ainsi que dans ceux où s'effectuent la remise des matières premières aux ouvrières et la réception des marchandises après exécution.

Art. 33 c. — Au moment où une ouvrière reçoit du travail à exécuter à domicile, il lui est remis un *bulletin à souche* ou un *carnet* indiquant la nature, la quantité du travail, la date à laquelle il est donné, les prix de façon applicables à ce travail, ainsi que la nature et la valeur des fournitures imposées à l'ouvrière. Les prix nets de façon ne peuvent être inférieurs, pour les mêmes articles, aux prix affichés....

Lors de la remise du travail achevé, une mention est portée au bulletin ou carnet, indiquant la date de la livraison, le montant de la rémunération acquise par l'ouvrière et des divers frais accessoires laissés à sa charge par le fabricant, commissionnaire ou intermédiaire. Il est entendu que ces frais ne peuvent comprendre que la fourniture des outils et instruments nécessaires au travail, des matières ou matériaux dont l'ouvrière a la chagre et l'usage, des sommes avancées pour l'acquisition de ces mêmes objets. Ils sont à déduire de la somme que touche l'ouvrière et doivent être inscrits sur son bulletin ou carnet en même temps que sur un registre d'ordre, qui pendant un an seront à la disposition de l'inspecteur..

Il faut toujours prévoir des infractions à la loi et des sanctions. Les contrevenants seront poursuivis devant le tribunal de simple police et punis d'une amende de cinq à quinze francs; qui, en cas de récidive, c'est-à-dire d'une répétition du délit dans l'espace de douze mois, sera portée de 16 à 100 francs.

Si les contraventions à l'article 33 c ont lésé plusieurs personnes, l'amende sera appliquée autant de fois qu'il y aura de personnes à l'égard desquelles les prescriptions n'auront pas été observées; mais le maximum des amendes ne pourra dépasser 500 francs ou, en cas de récidive, 3.000 francs.

Sont chargés de surveiller et d'assurer l'exercice de la loi les inspecteurs et inspectrices du travail et les officiers de police judiciaire.

Cela réglé, reste la tâche la plus ardue, la plus délicate : la détermination du salaire minimum.

L'article 33 d est ainsi conçu : « Les prix de façon applicables au travail à domicile doivent être tels qu'ils permettent à une ouvrière d'habileté moyenne de gagner en *dix heures* un salaire égal à un minimum déterminé par les conseils du travail, ou, à leur défaut, par les comités de salaires, pour la profession ou pour la région. »

Les *conseils du travail*, dont il est ici question, sont des organismes qui n'ont jamais été très viables; ils manquent complètement dans beaucoup de départements. Aussi ont-ils été remplacés par deux Comités.

L'un, le Comité de salaires, a pour fonction de constater le taux du salaire quotidien habituellement payé dans la région aux ouvrières de la même profession et d'habileté moyenne travaillant en atelier, à l'heure ou à la journée. Ce Comité est composé d'un juge de paix, qui préside, et d'un nombre égal (deux ou quatre) de patrons et d'ouvrières; les membres en sont choisis par les Conseils de prud'hommes ou par le Tribunal civil.

L'autre, le Comité d'expertise, également paritaire, a pour tâche de déterminer le temps nécessaire à la fabrication de telle ou telle pièce qui se fait en série.

Le minimum de salaire résulte du prix de l'heure, fixé par le premier Comité, multiplié par le nombre d'heures, fixé par le second.

Les chiffres ainsi obtenus sont publiés par les soins des préfets et s'ils ne soulèvent pas de protestations, ils font loi au bout de trois mois. Si, au contraire, il y a contestation par une des parties intéressées, le différend est soumis à une Commission centrale qui siège à Paris, au Ministère du Travail. Elle est composée d'un patron et d'un ouvrier pris dans le Comité départemental qui est en cause, de deux Conseillers prud'hommes (patron et ouvrier), d'un enquêteur permanent de l'Office du travail désigné par le Ministre et d'un membre de la Cour de cassation qui préside. La décision de cette Commission centrale est sans appel.

Il y avait un autre point important à régler. Qui aurait le droit de mettre la justice en branle, d'intenter une action contre le patron violant la loi, de saisir d'une plainte les Conseils de prud'hommes, ou, à leur défaut, les juges de paix, compétents pour redresser les comptes inférieurs au minimum légal?

Avant tout, l'ouvrière qui se croirait lésée, mais à condition que la réclamation se produirait quinze jours au plus tard après le paiement de son salaire, sauf au cas où elle invoquerait un tarif d'espèce établi par un jugement antérieur.

Mais le législateur a prévu que l'ouvrière isolée, ignorante, craignant de se mettre à dos le patron, d'être par lui privée de travail et de jouer le rôle du pot de terre luttant contre le pot de fer, n'oserait pas le plus souvent intenter un procès à ce redoutable personnage. Il a donc spécifié que les syndicats professionnels existant dans la région pour les industries en cause pourraient exercer une action civile basée sur l'inobservation de la loi (art. 33 *k*) ; quitte à donner caution pour le paiement des frais et dommages auxquels ils pourraient être condamnés. Il a accordé le même droit à des associations qui devaient être autorisées par décret et qui ont été les *Ligues d'acheteurs, l'Office français du Travail à domicile,* et, plus tard, la *Fédération d'organismes du travail pour améliorer les conditions du travail féminin.*

Telle a été, dans ses grandes lignes, cette loi de 1915, qui fut assez mal accueillie par les Chambres de commerce, formées de négociants notables qui alléguèrent, pour la combattre, la liberté des contrats individuels, comme si l'ouvrière discutant avec le patron pouvait être libre, et la concurrence étrangère, comme si la Grande-Bretagne, l'Allemagne, la Suisse, la Belgique n'avaient pas précédé la France dans cette voie. Mais il est arrivé mainte fois, surtout en France, que les lois ouvrières sont restées sur le papier. Comment celle-ci allait-elle se comporter? C'est ce qu'il nous faut maintenant exposer.

CHAPITRE XVI

APPLICATION ET RÉSULTATS DE LA LOI
SUR LE SALAIRE MINIMUM

La statistique nous apprend qu'après la guerre il s'est produit une recrudescence du travail à domicile. Ce fut le cas dans le Nord où les usines ayant été détruites par l'invasion, le tissage à la main dans les sous-sol reprit une éphémère activité (1). Il semble toutefois que le nombre des établissements assujettis à la loi et celui des ouvrières ait augmenté dans les petites entreprises, tandis qu'il décroissait dans les grandes. Raison de plus pour examiner d'un œil attentif l'application de la loi, vu que la petite industrie a toujours été plus que la grande réfractaire aux mesures d'hygiène et de protection ordonnées en faveur du personnel.

(1) Voir le volume de Pierre Hamp : *Le Lin.*

Il fallait compter tout d'abord avec la mauvaise volonté ou l'inertie des patrons. C'est ennuyeux d'aviser l'inspecteur qu'on occupe des ouvrières à domicile et de tenir à jour un registre où la comptabilité est détaillée. L'affichage des prix est négligé ou fait de manière à ce qu'il soit difficile à lire. Le bulletin à souche, qui doit être remis à l'ouvrière et prouver que son salaire est bien conforme au minimum légal, est souvent oublié ou, ce qui est pis, porteur de mentions fausses. Telle catégorie de travailleuses est laissée de côté, sous prétexte qu'elles sont des artisanes indépendantes.

Les inspecteurs ou inspectrices, chargés de veiller à ces infractions, sont trop peu nombreux pour visiter les 8.000 établissements qu'ils doivent surveiller; et, même quand ils y pénètrent, ils ne peuvent que constater les contraventions aux mesures d'ordre prescrites par la loi; ils n'ont pas droit de dresser procès-verbal, si le patron paie à ses ouvrières un salaire inférieur au minimum légal, ou si le Comité départemental a établi un tarif insuffisant.

Puis quelles difficultés pour mettre en mouvement l'appareil judiciaire! L'ouvrière ou les ouvrières, qui, dans un délai trop court, ont déposé une plainte, sont enclines à se désister devant une menace ou une promesse. Le syndicat professionnel ne peut, sans leur consentement, agir en leur lieu et place; il pourra obtenir pour lui des dommages-intérêts; mais il ne pourra, même si le patron est condamné, faire restituer aux ouvrières les sommes dont elles ont été frustrées.

Quant aux trois associations qui sont autorisées à intenter une action dans les mêmes conditions, il n'en est qu'une seule qui ait usé de ce droit : c'est *l'Office français du travail à domicile*, dont le siège est à Paris, 10, quai de Tokyo. Il m'a choisi pour président d'honneur; mais il a pour président effectif M. Roger Picard, agrégé des Facultés de droit, pour principaux membres actifs, Mme Duchêne, secrétaire générale, avec sa fille Mme Roubakine; Mme Viette, trésorière; Mademoiselle Jeanne Bouvier, qui fut vice-présidente du Conseil supérieur du travail; Mlle Bourat, inspectrice du travail. L'Office, soit par des démarches auprès du ministère pour combler certaines lacunes de la loi, soit par des permanences ouvertes dans différents quartiers de Paris et dans des villes de province pour y recevoir les doléances des ouvrières, soit encore par des actions en justice qui ont été soutenues par son avocat ordinaire, M° Corcos, a prouvé qu'il prenait au sérieux la fonction qui lui était confiée. Il a obtenu plusieurs condamnations de patrons récalcitrants. Mais l'insignifiance des amendes, que le tribunal peut toujours réduire pour cause de circonstances atténuantes, a trop souvent rendu son action inopérante.

Cependant le principal obstacle à l'application de la loi a été la lenteur des Comités chargés de dresser dans chaque département le barème des salaires minima. Ils mirent en plus d'un endroit deux ans à se constituer, et il fallut une énergique pression du Garde des Sceaux pour décider à se remuer les juges de paix qui devaient les convoquer et les présider. En 1917, sur 300 comités d'expertise, 70 seulement avaient abouti et publié les tarifs arrêtés par eux. Ces publications qui devaient paraître au *Recueil des actes administratifs* de chaque département tardaient de plusieurs mois, parce que ces recueils paraissaient eux-mêmes quand ils pouvaient, de façon irrégulière et capricieuse. Il s'ensuivait que les réclamations possibles n'arrivaient pas en temps utile et, comme la Commission centrale augmentait encore le retard, quand elle réformait le travail d'un Comité, des mois entiers s'écoulaient pendant lesquels les patrons agissaient à leur fantaisie.

Il était prescrit que les tarifs établis seraient

révisés tous les trois ans, afin de rester au courant des changements qui pouvaient avoir lieu pendant ce temps, soit dans la technique, soit dans les salaires payés à l'atelier qui étaient la base d'après laquelle se réglaient les salaires du travail à domicile. Mais cette révision indispensable était différée et un écart croissant se formait entre ce qui était pratiqué et ce qui aurait dû l'être.

Quels ont été, en conséquence, les résultats de la loi? A-t-elle relevé, comme elle espérait le faire, les salaires misérables des travailleuses à domicile? Oui, dans une certaine mesure. En 1916, le salaire de 25 centimes l'heure est celui qui prédomine, et comme la journée est calculée pour 10 heures, l'ouvrière, dans soixante-deux départements, obtient un gain journalier qui s'échelonne de 2 à 3 francs; trois départements seulement (Allier, Cantal et Tarn) demeurent à 20 centimes par heure. L'année 1917, qui vit des grèves de midinettes, relève les salaires des ouvrières en atelier; ce qui entraîne une augmentation correspondante dans les prix payés à leurs camarades. A Paris et dans la Seine, on rencontre pour ces dernières, dans la confection, des salaires journaliers de 4 fr. 25 et de 5 francs. Malheureusement le courant de hausse a peine à se faire jour en province; 15 centimes l'heure, tel est le lot des dentellières du Calvados, 16 centimes 1/2 celui des tricoteuses de Saône-et-Loire.

C'est alors que les révisions auraient été utiles, pour aider les prix de façon à suivre l'élévation constante du coût de la vie. Elles produisirent quelque effet, là où elles eurent lieu régulièrement. Les salaires tendirent à s'égaliser entre la confection et la couture et même, en 1925, dix ans après la promulgation de la loi, il est permis de constater une hausse générale des salaires dans la fabrique dispersée.

Mais il importe de distinguer le salaire *nominal* et le salaire *réel*. Que vaut une hausse, si elle est mangée par une hausse plus grande encore des loyers, des vivres, du chauffage, des vêtements? Or d'après les chiffres des indices officiels qui restent d'ordinaire au-dessous de la réalité, le coût de la vie en 1925 avait à peu près sextuplé et l'on sait que, dans l'année suivante, il devait monter à sept fois plus qu'en 1914.

Que sont devenus proportionnellement les salaires des travailleuses à domicile?

Commençons par les plus élevés. On les trouve dans la Seine et la Meurthe-et-Moselle pour la chaussure, dans le Rhône et dans les Pyrénées pour la confection (1 fr. 85 à 2 fr. 40 l'heure). On les voit décroître dans les Alpes-Maritimes, la Somme, l'Aube, les Bouches-du-Rhône, le Gard, le Lot-et-Garonne (1 fr. 75 à 1 fr. 50). Puis vient le gros des départements où la moyenne oscille entre 0 fr. 75 et 0 fr. 90; avec deux groupes à peu près égaux où le salaire va de 1 fr. à 1 fr. 25, ou bien de 0,60 à 0,75. Le Cantal fait partie de ce dernier.

Mais il subsiste toujours des salaires plus bas dont quelques-uns méritent le nom de salaires de famine. Lingères de Seine-et-Oise et de Haute-Savoie (50 centimes l'heure), chapelières et chaussonnières de l'Ain (0,30) ; brodeuses, casquettières, fleuristes du Gard, de la Haute-Loire, de la Vienne (0,25) ; lingères des Basses-Alpes, brodeuses de Meurthe-et-Moselle, bonnetières du Puy-de-Dôme (0,20).

Pour apprécier en toute équité ce que valent réellement ces salaires, il faudrait savoir quels sont dans chaque localité les prix des choses nécessaires à l'existence; il est évident que la vie est plus facile, moins chère dans un village que dans une grande ville; moins grevée de frais de chauffage et d'habillement dans le Midi que dans le Nord; mais, tout considéré, il est permis d'affirmer qu'un salaire de quatre sous par heure est dans les circonstances actuelles une condamnation à la mort lente.

En somme, malgré de lamentables exceptions, les travailleuses à domicile paraissent moins malheureuses qu'elles ne l'étaient avant la guerre. Mais il s'en faut que le but visé par la loi ait été atteint : il s'agissait de leur assurer un salaire égal à celui des ouvrières de la même profession travaillant en atelier, ou, à leur défaut, des journalières employées dans la même région. Or partout et dans tous les métiers il est resté sensiblement inférieur à celui qui devait servir de point de départ à leur rémunération et il y a présomption pour que dans la plupart des cas il soit impuissant à faire vivre décemment la femme qui n'a pas d'autre ressource.

Aussi est-il nécessaire de boucher les fissures par où se perdent les vertus bienfaisantes de la loi et de voir comment elle peut être améliorée.

CHAPITRE XVII

AMÉLIORATIONS APPORTÉES OU DÉSIRÉES
A LA LOI DE 1915.

La loi de 1915 a depuis lors reçu quelques perfectionnements heureux. Elle ne s'appliquait d'abord qu'à une seule industrie, celle du vêtement, et, pour mieux dire, qu'à quelques branches de cette industrie. Mais le Ministre du Travail était autorisé à l'étendre par décret et, comme il ne manquait pas d'ouvrières à domicile aussi mal payées et aussi intéressantes que les lingères ou les dentellières, le ministre ne tardait pas à user de la faculté qui lui était laissée. Dès le 10 août 1922, étaient couvertes de la même protection que leurs camarades, les ouvrières « en bretelles, jarretelles, cravates, ceintures, etc. », ainsi que celles qui exécutaient « des travaux de couture, de lingerie, de broderies en tout genre et en toutes matières, dentelles, plumes, fleurs artificielles, que *ces travaux fussent ou non destinés au vêtement* ».

Ainsi cessait une anomalie bizarre : la dentellière protégée, si elle fabriquait de la Valenciennes pour une robe, et non protégée, si elle faisait un store ou un chemin de table. J'abrégerais une énumération qui pourrait paraître fastidieuse, si elle n'était une preuve palpable du soin méticuleux qu'on a mis à étendre la protection légale à toutes celles qui en ont besoin.

Ainsi les faiseuses d'objets de piété figuraient parmi les plus piètrement rémunérées.

Le même décret joignait donc aux travailleuses ci-dessus nommées celles qui exécutaient dans les mêmes conditions « des travaux de tricotage de ou sur tissus à mailles, chapelets, sautoirs, croix, médailles et articles de bijouterie, parapluies ou similaires et postiches, confection et réparation de tapisserie à l'aiguille, travaux de perles et de paillettes sur toutes matières (fleurs, feuilles, feuillages, carcasses, colliers, colifichets, sacs, chenillages,

(1) *Code du Travail*, p. 518.

franges de foulard, de tapis et d'ameublement, résilles). »

Demeuraient en dehors les ouvrières employées directement au finissage de tissus fabriqués dans l'établissement de l'industriel.

Ne croyez pas que nous soyons au bout de cette extension. A chaque instant se révélaient des catégories de travailleuses auxquelles on n'avait point songé; et au mois de juin 1925 on pouvait lire dans les journaux le communiqué suivant :

M. Durafour, ministre du Travail, a saisi le Conseil supérieur du travail d'un projet tendant à étendre à de nouvelles catégories de travailleuses à domicile la protection que la loi du 10 juillet 1915 est venue apporter aux ouvrières à domicile des industries du vêtement. La commission permanente du Conseil supérieur du travail a estimé qu'il y avait lieu de procéder sans délai à une enquête touchant l'opportunité de réaliser cette extension de législation en ce qui touche un certain nombre de professions, savoir : fabrication de papier à lettres, enveloppes et sacs en papier; tubes en papier pour cigarettes, gaufrage de papiers, découpage de papier à l'emporte-pièce, fabrication de boîtes en carton et cartonnages d'étiquettes, d'abat-jour, d'éventails, de lanternes vénitiennes, travaux de publicité (confectionneuses d'adresses, copistes, plieuses), coloriage et enluminage d'images et de cartes, retouche, repiquage et coloriage de clichés ou épreuves photographiques et de films, habillage de produits alimentaires et d'articles de confiserie, montage de boîtes à fromage, vannerie, clissage de bouteilles, cannelage de chaises, gainerie, maroquinerie, travail des soies de porc, brosserie, fabrication de pinceaux, balais, triage, finition et encartage de boutons, brunissage des métaux fins.

Les syndicats et unions de syndicats des professions visées sont invités à faire connaître leur avis motivé au Ministère du Travail avant le 10 juillet prochain. Le Ministère du Travail accueillera, en outre, très volontiers, toutes les observations que croiraient devoir lui adresser les groupements ou personnalités qui se considéreraient comme intéressées par les questions posées.

(Le Peuple, juin 1925.)

Ira-t-on plus loin dans la même voie? Le ministre peut étendre l'effet de la loi à toutes les industries où des travailleuses à domicile sont employées et déjà l'on a fait observer qu'il n'y a pas de raison pour refuser aux unes la sollicitude qu'on accorde aux autres. Mais on ne peut, sans une modification de la loi, appliquer aux hommes ce qui a été destiné aux femmes; et des entreprises peu scrupuleuses en profitent pour donner en apparence à des hommes certains travaux qu'elles savent fort bien devoir être exécutés par leurs femmes. Toutefois on ne voit pas pourquoi des travailleurs français ne jouiraient pas d'une protection dont bénéficient même des étrangères travaillant en France, et il se peut qu'une fois de plus les hommes se glissent derrière les jupes féminines.

On le voit, il est déjà question de réviser la loi. Les demandes de réforme émanent du Conseil supérieur du travail, corps officiel qui centralise et examine les propositions qu'on lui soumet et qui, en 1925, a ordonné une grande enquête sur le sujet qui nous occupe. D'autre part l'*Association pour la protection légale des travailleurs* s'est efforcée d'empêcher les fraudes que certains patrons commettent et de supprimer les obstacles mis à l'action des syndicats. M. Albert Tissier, professeur à la faculté de droit de Paris, a rassemblé dans une brochure les habiletés par lesquelles certaines entreprises se déchargent de toute responsabilité en donnant le travail à forfait à un sous-entrepreneur et en opposant aux actions portées devant les Conseils des prud'hommes par les syndicats des demandes reconventionnelles qui nécessitent des frais et font dévier le procès vers une autre juridiction. Enfin l'*Office français du Travail à domicile*, subventionné par le Conseil municipal de Paris, s'est attaché à l'œuvre de surveillance qui est sa raison d'être. Il a adressé des circulaires aux industriels et aux grands magasins pour leur rappeler les prescriptions d'une loi qu'ils étaient tentés d'oublier. Il a organisé des réunions de propagande pour apprendre aux ouvrières leurs droits nouveaux. Il a tâché en un mot de réaliser ce miracle : une loi sociale réellement et loyalement appliquée en France. Il s'est aussi préoccupé des modifications qu'il est désirable d'apporter à la loi, et, sur le rapport de plusieurs de ses membres, il a réclamé, au nom de l'hygiène comme au nom de l'équité, des améliorations qui sont déjà choses acquises en Angleterre et aux Etats-Unis.

De là sont sortis des projets et des desiderata qu'il convient maintenant d'exposer.

Les premiers se rapportent à l'établissement du salaire minimum. Il doit être calculé pour huit heures, et non plus pour dix heures de travail, puisque en 1919 a été votée la loi qui fixe à huit heures la durée de la journée. Il faut ensuite rendre effectif et régulier le fonctionnement des Comités de salaires et des Comités d'expertise. Si l'on ne trouve pas d'ouvrières pour y entrer, qu'on y mette des ouvriers; si le préfet ne trouve pas dans son département le personnel indispensable, qu'il le recrute en dehors, dans la région voisine. Et s'ils n'aboutissent pas, que le préfet se substitue à leur carence et fasse, avec la collaboration des inspecteurs du travail, le barème où sera, pour chaque métier visé, inscrit le salaire courant. Tels sont sur ce point les vœux du Conseil supérieur du travail, et le jour où les Comités, trop souvent négligents, seront mis en demeure de publier leurs décisions à une date déterminée, on aura réalisé un progrès considérable.

On en aura réalisé un autre, quand on aura obtenu que la révision des tarifs soit faite tous les trois ans et qu'ainsi les salaires suivent le mouvement des prix de vente et de façon. Si l'on n'ose pas encore instituer le salaire vital, qui doit varier avec le coût de la vie, on pourrait du moins rapprocher la rémunération de l'ouvrière à domicile de celle qu'obtient l'ouvrière en atelier (ce qui est le but avoué de la loi), en tenant compte des frais de chauffage, d'éclairage, d'outillage qui sont à la charge de la première, des gratifications et garanties dont bénéficie la seconde, et surtout en ayant soin d'élever automatiquement les salaires de la première à mesure qu'augmentent ceux de sa sœur mieux payée.

D'autres perfectionnements souhaitables portent sur les moyens de rendre plus efficace le contrôle qui veille à l'exécution de la loi. Pourquoi ne pas remplacer par un carnet le bulletin à souche où est marqué ce qui est dû à l'ouvrière, bulletin qu'il est facile d'égarer? Pourquoi, au lieu d'afficher les prix de façon relatifs aux diverses pièces à fabriquer, ne pas remettre à chaque travailleuse un exemplaire imprimé de ce tarif?

Mais plus importants sont les procédés susceptibles de faciliter les divers recours qui peuvent être opérés par l'ouvrière ou en son nom.

S'agit-il de réclamations contre les décisions des Comités? Le Conseil supérieur de travail est d'avis de réduire de trois mois à un mois le délai dans lequel elles peuvent être valablement présentées. Le délai est exigu, et il reste assez flottant tant que le Recueil, où doivent être publiées ces décisions, n'est pas astreint à paraître à une date fixe; et, pour compenser cette lacune, ce n'est pas trop du droit qui serait accordé aux syndicats et aux associations autorisées de poursuivre la réforme des barèmes établis par les Comités. Le Conseil supérieur y est favorable, tout en laissant subsister l'interdiction aux amis de l'ouvrière de se substituer à elle, quand elle néglige de se plaindre.

S'agit-il des violations de la loi? D'abord il conviendrait de donner aux inspecteurs et inspectrices du travail le droit de dresser procès-verbal contre ces infractions, surtout quand elles ont un caractère frauduleux. Puis il ne serait pas mauvais d'aggraver les pénalités qui frappent les délinquants, d'imiter en cela nos voisins anglais qui ne craignent pas d'imposer le respect de la loi par de très sérieuses amendes. Il serait juste de saigner fortement la bourse des patrons indélicats qui s'attribuent des profits illicites et malhonnêtes en payant à leurs ouvrières des prix inférieurs à ceux que les Comités ont fixés.

Parmi les réformes que le Conseil supérieur propose ou appuie, il en est une qui suscite quelques inquiétudes. Elle est relative aux délais impartis à l'ouvrière qui voudrait intenter une action en redressement de salaires. Si elle réclame l'application d'un « *tarif d'espèce* », c'est-à-dire se rapportant à un travail qui ne s'exécute pas en série, mais à la pièce, elle a six mois pour saisir le tribunal compétent. Mais si elle entend se prévaloir du tarif ordinaire dressé par les Comités et se plaindre qu'il n'ait pas été observé à son égard, sa demande doit être faite dans les quinze jours qui suivent le paiement des salaires.

Le Conseil supérieur s'est à ce propos prononcé pour ce qu'on appelle une cote mal taillée. Il propose que dans les deux cas le délai soit d'un mois, ce qui est certainement une réduction dangereuse pour le tarif d'espèce, qui n'arrive que lentement à la connaissance de l'ouvrière (1), un allongement insuffisant pour le tarif ordinaire, et une dérogation au droit commun qui fixe à six mois la prescription de l'action en matière de salaires. Aussi l'*Office français du travail à domicile* a-t-il demandé que, si l'on veut un délai uniforme dans les deux cas visés, il soit au moins de trois mois (2).

L'*Office français* a soulevé une autre question (3). Ne serait-il point équitable et possible d'apliquer au travail à domicile la loi sur les accidents du travail? Il arrive que dans l'atelier de

(1) J'emprunte ce détail à l'article cité plus haut, de M. Roger Picard.

(2) Le gouvernement a déposé un projet de loi qui accepte plusieurs des vœux ci-dessus mentionnés : extension de la loi aux ouvriers dans les industries visées, remplacement dans l'article 33 de la journée de dix heures par celle de huit heures, admission des inspecteurs et inspectrices du travail dans les Comités où ils auront voix consultative, etc. Mais l'Office français maintient les suivantes qui portent principalement sur l'obligation à imposer au patron de faire connaître l'adresse des intermédiaires qu'il emploie, sur les moyens de rendre plus efficace l'affichage du tarif, sur l'avantage qu'il y aurait à remplacer par un carnet les bulletins remis à l'ouvrier ou à l'ouvrière, sur les détails fixés soit pour la protestation contre les barèmes établis soit pour la réclamation des travailleurs lésés, sur l'aggravation de la pénalité allant jusqu'à l'emprisonnement dans les cas où il y a pluralité de contraventions, droit pour les syndicats et les associations autorisées d'engager des actions en avertissant simplement l'ouvrier ou l'ouvrière en cause, etc.

Le rapporteur du projet de loi, M. le député Chassaing, fera son possible pour y introduire les amendements proposés par l'Office français.

Les choses en sont là au moment où je corrige les épreuves de ce volume (18 février 1927).

(3) Voir à ce sujet un article de Mlle Jeanne Bouvier dans *La Française* du 4 juillet 1925.

un complément nécessaire des lois protectrices où famille des machines sont utilisées; il peut s'y produire des explosions, des brûlures; on peut s'y couper, s'y piquer, s'y blesser. Point d'indemnité en cas pareil. Rien qui compense ou atténue le chômage auquel on peut être réduit. Et la blessée tombe à la charge de l'Assistance publique, c'est-à-dire de tous les contribuables, pendant que les employeurs n'ont pas à s'occuper de secourir celle qui travaillait pour eux. Oh! sans doute, il y a des difficultés graves. Comment prouver que l'accident s'est produit pendant la durée ou à l'occasion du travail? Où sont les témoins à invoquer? Et, si l'ouvrière à domicile travaille pour plusieurs patrons, lequel sera responsable? Quelle mine à contestations et à procès!

Cependant il faut croire que le problème n'est pas insoluble, puisque plusieurs pays, la Bulgarie, le Danemark, les Pays-Bas, le Portugal, la Russie, la Serbie, la Nouvelle-Zélande ont, en légiférant sur la réparation des accidents du travail, voté des textes où sont comprises les ouvrières à domicile.

Il est légitime de se demander à ce propos si l'action internationale ne pourrait s'exercer en faveur du travail à domicile.

Cette action s'est révélée dès longtemps comme

vrières. Du moment qu'une nation se décidait à édicter chez elle des mesures inspirées d'un esprit humanitaire, elle devait forcément désirer que ses voisines en fissent autant. Sinon, par cela même qu'elle voulait être plus généreuse et plus équitable que les autres en faveur de ses travailleurs et travailleuses, elle risquait d'être battue dans la lutte économique par une concurrente permettant aux patrons d'imposer à leurs ouvriers des journées plus longues et des salaires moindres. C'est ainsi que l'Australie, puis l'Europe furent inquiètes de la concurrence que pouvait leur faire le travail au rabais existant alors au Japon. Donc de bonne heure s'est fait jour la tendance à unifier, dans la mesure du possible, les conditions de travail faites à la main-d'œuvre.

La guerre (qui l'eût dit?) donna une vigoureuse impulsion à cette législation internationale du travail. Il fallait accorder satisfaction aux ouvriers qui avaient coopéré à la défense nationale, défendu un sol dont ils ne possédaient qu'une infime partie et auxquels on avait fait des promesses solennelles. Il fallait rendre justice à l'endurance et à l'activité qu'avaient montrées les femmes en remplaçant les hommes partis au front. C'est pourquoi dans le traité de paix on inséra des clauses inusitées qui constituaient une véritable **charte** du travail. C'était une grande nouveauté que le peuple eût sa part dans une de ces conventions diplomatiques où d'ordinaire ne figuraient guère que les volontés et les intérêts de grands de la terre. Les associations féminines n'eurent garde de laisser passer l'occasion. Elles envoyèrent plusieurs mémoires à la Commission chargée d'élaborer les textes qui devaient recevoir la consécration officielle. Mme Duchêne insista pour qu'il n'y eût plus de législation spéciale pour les femmes, sauf en ce qui concerne la maternité. Mme Avril de Sainte-Croix réclama, entre autres choses, une réglementation uniforme du travail à domicile. On retrouverait dans l'article 127 du traité de paix l'écho de ces pétitions féminines. Des principes y sont posés.

Dès l'année 1919, on songeait à les appliquer. Dans la capitale des Etats-Unis, à Washington, se réunissaient deux assemblées d'inégale importance, mais collaborant à la même œuvre. L'une était officielle, comprenait des représentants des divers gouvernements; c'était la Conférence internationale du Travail; l'autre, privée, était le Congrès international du Travail féminin, émettant des vœux qui étaient portés et soumis à la Conférence, seule compétente pour prendre des décisions.

Cette Conférence de Washington, où furent votés des projets de conventions et des recommandations adressées aux différents gouvernements, ne devait pas être la seule de son espèce. Un organe permanent était créé, le Bureau international du Travail, siégeant à Genève et chargé de préparer d'autres Conférences périodiques qui continueraient l'œuvre de la première. Sa tendance dominante est de faire rentrer l'amélioration du sort des travailleuses dans les conditions générales faites, sans distinction de sexe, à l'ensemble de la classe ouvrière. Il a eu des préoccupations plus pressantes que la protection du travail à domicile. Cependant en 1925 la Conférence annuelle en a délibéré. Mais le débat n'a pas eu toute l'ampleur désirable. Deux délégués ouvriers, l'un Belge, l'autre Anglais, sont intervenus, et le résultat a été mince. La convention sur la réparation des accidents du travail a exclu les travailleurs à domicile du bénéfice des lois qui sur ce point visent à indemniser leurs camarades travaillant en atelier.

La question n'en reste pas moins posée (1). Elle est urgente pour la France, puisqu'elle concerne plus

(1) La question doit revenir cet été à la Conférence du Bureau International du Travail — et dans des conditions meilleures, s'il en faut croire les impressions que Mme Duchêne rapporte de Londres.

d'un million et demi de personnes et que, comme l'a dit un ministre à Grenoble, « grâce à la richesse nationale en houille blanche, il serait possible de transporter dans toutes les campagnes la ressource du travail à domicile, afin de combattre les longs chômages d'hiver ». Peut-être faudra-t-il attendre, non seulement pour la réparation des accidents, mais pour la lutte contre la maladie, la vieillesse, l'invalidité, les garanties promises à tous les travailleurs par la grande loi sur les assurances sociales qui s'élabore lentement et finira bien par figurer un jour dans l'arsenal législatif de la République française. On peut concevoir la travailleuse de la fabrique dispersée assurée, comme l'ouvrière en atelier, par une triple cotisation provenant d'elle-même, de l'employeur et de l'Etat. Ce n'est pas un désir chimérique de vouloir qu'il n'y ait plus en France une seule des activités coopérant par leur labeur à la prospérité de la patrie qui demeure exposée et abandonnée sans secours aux risques et dangers inhérents à son métier. C'est sur cette vision d'espérance qu'il me plaît de m'arrêter. Vienne bientôt le jour où l'odieuse exploitation du travail féminin et masculin, telle qu'elle nous est apparue dans ce domaine, ne sera plus qu'un honteux et douloureux souvenir !

CHAPITRE XVIII

CONCLUSION

Il est temps de conclure. Certes il s'en faut que la situation des ouvrières, dont j'ai tâché de retracer fidèlement les conditions d'existence, soit de tout point satisfaisante. Elles sont toujours les victimes privilégiées de notre organisation industrielle. La gêne et l'inquiétude du lendemain sont assises à beaucoup de leurs pauvres foyers. Pourtant grâce aux appuis qu'elles ont trouvés auprès des pouvoirs publics et des bonnes volontés qui se sont intéressées à leur sort, grâce au progrès qu'a fait dans les cœurs le sentiment de la solidarité humaine, le travail à domicile ne mérite plus d'être appelé, comme il le fut jadis, un cancer rongeant le corps social. Il est devenu une maladie curable, mais qui exige encore beaucoup de soins. Quiconque veut concourir à sa guérison est sûr de ne pas manquer de besogne. Si ce livre pouvait augmenter le nombre de ceux qui lui cherchent des remèdes, s'il contribuait ainsi pour une petite part à diminuer les souffrances qu'il a constatées avec tristesse et commisération, il aurait atteint tout le succès qu'il ambitionne.

Fin

TABLE DES MATIÈRES

TABLE DES MATIÈRES

DEUXIÈME PARTIE

Les Remèdes

ACHEVÉ D'IMPRIMER
LE 10 MARS 1927,
SUR LES PRESSES DE
L'IMPRIMERIE RAMLOT ET Cⁱᵉ,
52, AVENUE DU MAINE, PARIS,
POUR LES ÉDITIONS RADOT

www.ingramcontent.com/pod-product-compliance
Ingram Content Group UK Ltd.
Pitfield, Milton Keynes, MK11 3LW, UK
UKHW021927070726
13614UKWH00001B/284